男女共同参画社会へ

坂東眞理子

勁草書房

男女共同参画社会へ／目次

序　章　男女共同参画社会をめざして

1　女子差別撤廃条約の日本レポート審議

二〇〇三年七月八日、ニューヨーク、国連本部の第二会議場では第二九回期女子差別撤廃委員会が開催されていた。議題は日本政府が提出した第四次・第五次日本レポートの審議である。日本政府首席代表である私が約三〇分の報告をし、その後審議が開始された。詳細は、第12章に譲るが、日本では国会などで男女共同参画が「いきすぎだ」と批判が強まり、それをかわしながら施策を進めてきた立場からすると一八〇度逆の指摘で、「もっと推進すべきなのに不十分だ」と言われたのは目のさめる思いだった。日本国内の取り組みが国際的スタンダードからいかにずれているか、改めて痛感させられた。

「条約は社会システムと慣行を変えるものであり、政府はもっと積極的な姿勢でその主導権を握

るべきである」（ドイツ、シェプリング委員）

「政府の取り組みにかかわらず、公私において、意志決定に関わる女性の数が少なすぎる」（フランス、ギャスパール委員）（ルーマニア、サンドゥル委員ほか多数）

こうした委員の意見は、私たちが「理想はそうあるべきだが、日本の現実の社会では強調すると反発されるだけ」と自己抑制していたため、国内では言えない主張だった。

私自身は日本の女性の置かれた状況を変え、少しでも女性たちがその持てる力を発揮し、それによって日本の社会をより活性化するために最大限の力を注いできたつもりだった。しかし、日本の女性が社会のいろいろな分野で十分に力を発揮するには至っていないのは明らかである。今でも就職で昇進で女性に対する差別がまかりとおり、男尊女卑の残像はよみがえる。

総理府に初めて設置された婦人問題担当室に配置された二九歳の時以来、その解消に取り組んできた「固定的性別役割分担意識」は三〇年近くたってもまだ解消されていない。そして女性は当時に比べれば、政界や公務には進出しているが、職場での壁はまだ厚い。しかし若い女性は、女性の地位などに関心がなく、個人の生活を楽しんでいる。

多くの政府の外の団体、有識者の応援があって、この三〇年の間に制度は整えられた。男女共同参画室から男女共同参画局へと組織は強化された。日本のナショナル・マシーナリーは内閣総理大臣をトップとし政府の中央にあって各省庁を連携していると、形としては胸をはることができる。男女共同参画社会基本法もできた。配偶者暴力防止法もできた。私もそれらを誇らしく国連の場で報告した。しかし「それにもかかわらず、なぜ女性たちがこんなに意志決定の場に少ないのか」と言われると反論できない。

政治家への働きかけ、マスメディアに対する働きかけなど、もっともっとやるべきだったのではないか。委員の意見を聞いていると、われながらふがいないという思いがわきおこってくる。たしかに変化のスピードが遅すぎる。一方で私は、日本の政府の中で、自分の知恵をしぼり、個人的な時間もエネルギーも今までの他の分野の経験も用いて、総力をあげて男女共同参画に取り組んできた。ふつうの公務員ならここまでしなかったという自負心もある。

また少ない人数、少ない予算、少ない権限の中で婦人問題担当室、男女共同参画室、男女共同参画局のメンバーもそれぞれいい仕事をしてくれた。公務員は批判されることが多いが、私たちは既得権益のない女性の立場にたち、有識者やNGOとも同志として心を合わせて推進してきたと思う。

男女共同参画については長い間にわたって、学者、NGO、ジャーナリストの立場から多くの本が書かれ、さまざまな意見が発表されている。一方、一九七五年以来、政府の中で、そして個人としても、このテーマに直接関わってきた私の眼から、日本の男女共同参画の政策がどのように意図され、行なわれてきたかを著すこともまた別の意味があると考え、この本にまとめてみようと思った。

私は一九七五年、国際婦人年に総理府に設置された婦人問題担当室に配属になった。この時、私は総理府に入省して六年目、広報室を経て、青少年対策本部で係長をしていた。青少年白書を書き、国際比較調査を行ない、仕事が面白くなりはじめていた頃である。しかし、婦人問題行政には経験がなく、各省庁から女性公務員が集められるなかで、どこまで仕事ができるか自信のないまま辞令をうけた。当時は三木内閣で総理府総務長官は植木光教氏。メキシコの世界婦人会議で採択された世界行動計画を国内にとりいれることをめざして、政府に婦人問題企画推進本部がおかれた。本部長が内閣総理大臣、副本部長が総理府総務長官だった。

その事務局として婦人問題担当室が閣議了解で設置された。審議室の参事官だけが定員であり、労働省婦人課長だった久保田真苗氏が発令され室長と呼ばれた。室員の方は労働、文部、厚生各省からの併任出向だった。私自身も総理府人事課併任という扱いである。会議室だったじゅうたんじきの部屋に事務机を置き、七人のメンバーでのスタートだった（うち男性一人）。私は一番若い補佐として広報・調査を担当した。

その後一九七六年から八五年まで「国連婦人の一〇年」と定められたので、担当室もその間は継続するということになった。婦人問題担当室は発足後直ちに婦人問題企画推進有識者会議（これも正式な審議会でなく私的諮問機関）を立ち上げ、藤田たき氏を座長に三三名の有識者に加わってもらった。その約三分の二が女性だった。縫田曄子氏、大友よふ氏、上坂冬子氏、西清子氏など当時の女性有識者が顔をそろえた。参議院議員だった市川房枝氏が毎回有識者会議に傍聴に来られたのも懐かしい思い出である。「国際婦人年連絡会」として関係四八団体が結集しネットワークもできた。一一月には昭和天皇・皇后両陛下を迎えて、国際婦人年日本会議が開催されるなど忙しく、全員はりきって仕事をした。その過程で婦人問題がいかに重要か、私自身も含めていかに日本人の生活や制度へ固定的性別役割分業意識が染みついていたかを痛感させられるようになった。

当時三歳になったばかりの長女を育てながらこの先どこまで仕事を続けられるかどうか、不安だった私はまさしく当時の「婦人問題」を体現していた。ほかの先輩補佐も未婚・独身・離別・子育て中とそれまでの私の周囲にはいなかった女性たちで、いままでの男性中心の職場とは雰囲気が異なっていた。それまで私は女だから特別扱いをされてはいけないと肩に力が入っており、自分が結婚し、子どもがいることは職場ではほとんど話題にしなかった。

婦人問題担当室は、法的には不安定な立場ながら有識者会議の意見をまとめ、国内行動計画を策定し、審議会の女性委員を一〇年で一〇％とする「女性の政策決定を促進する特別活動」をはじめ、各省に一九五二年度新規採用に女性を採るよう人事課長に依頼（五二年度採用者が既に各省で審議官級になりはじめている）したりと、後に続く実績を重ねていった。

私自身も初めての『婦人白書』、正式には『婦人の現状と施策　第一回国内行動計画報告書』を書きあげた。その際にはりきって書きこんだ原案がどんどん削られ、自分の言いたいことが残らないのを悲しんで、自分の名前で本を出したいと願い、幸運にも『女性は挑戦する』（一九七八年、主婦の友社）という処女作を出版してもらえることになった。それ以降公務の傍ら二十数冊の著書を出したが、その原点はこの白書にある。

その後人事院派遣による研修でカナダ連邦政府女性の地位部でカナダの女性問題への取り組みを研究し、バンティング研究所でアメリカの女性エクゼクティブに関する研究もした。ポストが変わっても常に、女性の問題を自分のライフワークとして関わりつづけてきた。たとえば高齢者問題を担当している時は女性の社会進出と介護をどう両立させるか、経済企画庁で家庭基盤充実構想に関わっていた時も女性が無償で行なってきた育児や家事がどうなるか、世論調査担当参事官の時は男女差を重点的に分析するなど、常に問題意識を持ちつづけてきた。

そして一九九三年九代目の婦人問題担当室長に任ぜられたのである。九四年には細川内閣、羽田内閣と激動するなかで政令室として「男女共同参画室」がやっと設置され、ひきつづき私が初代の室長に任ぜられた。その後埼玉県副知事、ブリスベン総領事を経て、総理府に戻り、中央省庁が再編されるなかで、男女共同参画局が発足し、その初代局長に任ぜられたわけである。

私の公務員生活の中には、総理府広報室参事官、経済企画庁出向など楽しい仕事も多かったが、節目、節目で関わった男女共同参画の仕事は特に思いが深い。そしてこの女性たちの変化を見すえた新しい社会システムの再構築に成功するかどうかが、日本が二一世紀に活力を維持できるかどうかを決定すると、私は個人としても信じている。世界中のあらゆる国で女性の生き方、働き方の変化が起こっているなかで日本が取り残されないように、そして一人一人の女性がせっかく恵まれたこの生命を十分に享受し、社会を少しでもよくするために能力を発揮できるようにするのが私のライフワークだと思っている。目標を達成するには長い道のりだが、それに向かって私もささやかに貢献し、今後も少しでも役立ちたいと願っている。

2 男女共同参画会議・参画局のスタート

二〇〇一年一月六日、中央省庁再編によって新しく内閣府が誕生し、男女共同参画局もスタートした。局の定員は三八名。再編前の総理府男女共同参画室が局に格上げとなり、総理府、経済企画庁、文部省、労働省、厚生省、農水省、警察庁など一一の省庁から出向した職員と民間からの出向及び任期付職員などからなる。よくいえば、多様性に富み、悪くいえば寄せ集め集団である。私も五年ぶりに男女共同参画の仕事に戻ってきた。私以外の職員でも労働省女性局、文部省生涯学習局で働いた経験のある数人と男女共同参画室時代から引き続き仕事をしている六人を除いて「初めてこの仕事に携わります」という未経験メンバーばかりである。不安といえば不安だが、先例や経験に頼ることなく、現在必要とされている新しい仕事ができるのは、初代局長に任命された者にとって一番幸せなことである。

行政組織は（法律もそうだが）スタートは社会のニーズに応じて誕生する。社会が必要とするからこそ、組織も法律も新たに設置（制定）されるはずだが、いったん設置されると、どんどん継続していく（いかなければならない）仕事が増加し、そうした仕事に人手も時間も予算も取られてしまう。そのうちに継続する事業や予算をあてにする関係業界もうまれて、自由裁量の余地はなくなり、新しくうまれるニーズに応えられなくなる。その意味では、男女共同参画局は二一世紀の日本社会に不可欠な仕事を担当するために新しくうまれたので、まさしく社会のニーズにピタッと合致する。

男女共同参画局は年間予算四億円、定員三八名というこぢんまりとした局であるが、社会のニーズに後押しされて、一九七五年の国際婦人年に閣議了解で設置された婦人問題担当室がここまで成長した「勢い」があった。二〇代の末に最も若いメンバーとして室創設に関わった私自身は政令室となる際に最後の婦人問題担当室長をつとめ、初代男女共同参画室長に任ぜられ、今また初代の男女共同参画局長に任命されたわけで、個人としても感慨深いものがあった。

しかし感慨にふけっている暇はない。局はできたが、具体的にどんな仕事をするか、局とともに発足した男女参画専門会議をどう運営するか、地方自治体や民間との関係をどうつくりあげていくか、すべてこれからである。

3　参画局の位置づけ

男女共同参画局のよりどころは、一九九九年に成立した男女共同参画社会基本法である。基本法は第三条から第七条まで①男女の人権尊重、②社会における制度又は慣行についての配慮、③政策等の立案及び決定への共同参画、④家庭生活における活動と他の活動の両立、⑤国際的協調、という五つの理念をあげている。第八条には「国はこの基本理念にのっとり、男女共同参画の促進に関する施策を総合的に策定し、及び実施する責務を有する」と書かれている。さらに第一一条では「政府は、男女共同参画社会の形成の促進に関する施策を実施するため必要な法制上、又は財政上の措置、その他の措置を講じなければならない」とされているが具体的な事務は規定されていない。第10章のバックラッシュの項でみるとおり、条例制定は義務づけられておらず、自治体の自主性にまかせられていて、補助金は出ない。

中央省庁再編に当たって、当時一一六あった局を減らし九六になった際に、既存の局が統合されたり、廃止されたりするなかで唯一昇格した局である。それは政府として男女共同参画を重要な施策として位置づけるという旗を高々と掲げた意味合いをもつ。もっとも、その下の手勢は心もとな

男女共同参画会議の全体構成

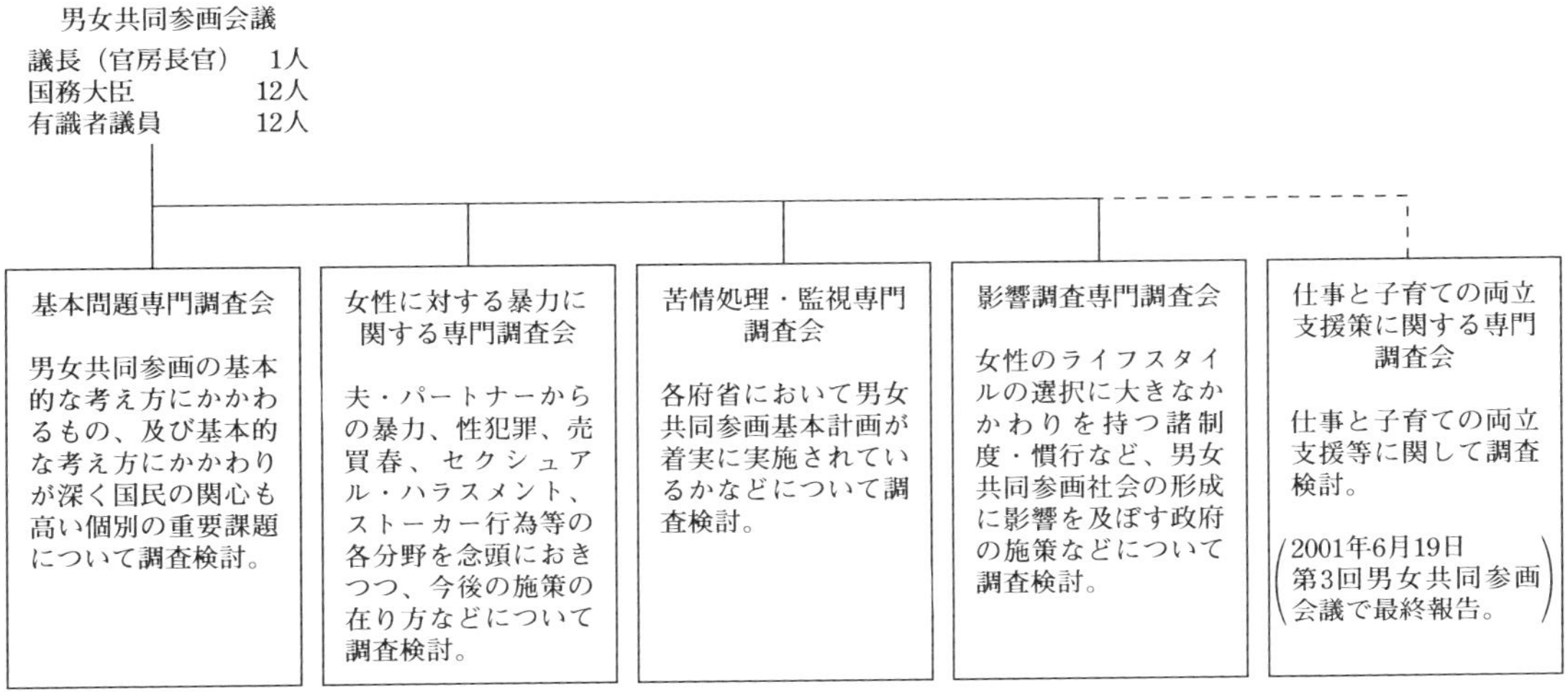
男女共同参画会議
議長（官房長官）　1人
国務大臣　12人
有識者議員　12人
基本問題専門調査会
男女共同参画の基本的な考え方にかかわるもの、及び基本的な考え方にかかわりが深く国民の関心も高い個別の重要課題について調査検討。
女性に対する暴力に関する専門調査会
夫・パートナーからの暴力、性犯罪、売買春、セクシュアル・ハラスメント、ストーカー行為等の各分野を念頭におきつつ、今後の施策の在り方などについて調査検討。
苦情処理・監視専門調査会
各府省において男女共同参画基本計画が着実に実施されているかなどについて調査検討。
影響調査専門調査会
女性のライフスタイルの選択に大きなかかわりを持つ諸制度・慣行など、男女共同参画社会の形成に影響を及ぼす政府の施策などについて調査検討。
仕事と子育ての両立支援策に関する専門調査会
仕事と子育ての両立支援等に関して調査検討。
（2001年6月19日第3回男女共同参画会議で最終報告。）

※この他必要に応じて、専門調査会を設置

い。今までの行政はその任務を遂行する手段として予算（補助金や委託費）をもち、仕事を実施する職員がおり、その分野に詳しいエキスパートがいる。その上で法律で裏づけられた権限をもって仕事をする。予算・人員・権限。この三つが大きい部署が大きな仕事ができた。

男女共同参画局は予算も人も乏しく、法律で明確に与えられた権限も少ない。二〇世紀の常識的な行政を推進するツールは心細い限りである。しかし二一世紀の行政は目標を掲げ、情報を提供し、NGOや他省庁と協力することで成果をあげるのだ。私たちはフロントランナーとして二一世紀型の行政をめざそう、私は常に職員にそう言っていた。もう一つ女性がトップというのも二一世紀の組織の先取りで、将来の公務員生活にいい経験だと冗談めかして言ったりしていた。局の発足後はただちに行なうべきことが多く、不安がったり心細がったりしている暇はなかった。

まず第一に第一回目の男女共同参画会議をセットしなければならない。一二名の閣僚議員と一二名の有識者議員は既に指名されていたが、日程を総理・官房長官の時間を軸に調整しなければならない。一月中にぜひ開催したいと、がんばって日程を一月二三日に設定した。

今までの男女共同参画審議会は有識者だけで構成されていたが、男女共同参画会議は省庁を担当する一二人の閣僚が構成員となり、会議の決定が各省庁の行政に直結する形をとっている。内閣府には経済財政諮問会議、総合科学技術会議、中央防災会議と、他に三つの重要会議が設置されているが、男女共同参画会議はそれと並んで四大会議の一つに位置づけられている。これらの会議は、総理のリーダーシップを助ける知恵袋としての役割を期待されている。男女共同参画会議は四大会議の中でも閣僚議員が最も多く、どう運営していくか課題は山積している。

第1章　仕事と子育ての両立支援策

局設置と同時に、働く女性の子育てを支援する方策を六月までに検討するようにという指示が、当時の森喜朗総理からおりてきた。新しい体制が整っていない時期に新しいテーマを手がける余裕はない。しかも参議院選挙前に緊急に結論を出せという。予算の裏づけがとれるかは不明である。私たちの局には保育行政についての専門的蓄積もないし経験者もいない。いずれも不安だった。だが、発足したばかりの内閣府の男女共同参画局が、総理、官邸が取り上げようとする課題を力不足だからとパスするのは、自分たちの存在意義を否定することになる。いうまでもなく、子育て支援は男女共同参画の重要な柱の一つである。ここで引き受けなければ局の名折れであると、無理を承知で着手した。

男女共同参画会議では、基本法に書かれている「影響調査」「苦情処理」「監視」や「女性に対する暴力」などの専門調査会は設置する方向で検討をしていたが、それに先んじて「仕事と子育ての両立支援に関する専門調査会」を立ち上げ、六月までの短期決戦で結論を出すこととなった。一部には本来業務とされるテーマを先に手をつけるべきであり、余力のない時に無理はするなという声もあったが、総理お声がかりのプロジェクトということで押しきった。

1　仕事と子育ての専門委員会

専門調査会の設置は、男女共同参画会議で決定しなければならない。一月二三日の第一回会合は顔合わせのセレモニーだけでなく「仕事と子育ての両立支援専門調査会」の設置を決定する場となった。森総理からは、人選は保育の専門家だけではなく、できるだけ幅の広い分野で活動する方を委員にとご指示が出た。森総理は長年幼稚園・保育所に関わる幼保一元化問題に携わってきた経験から、新しい発想を入れなければ膠着状態が打破できないことを知っていたのだろう。私も埼玉県副知事時代に中央児童審議会委員に任命された折、保育の専門家が母親の仕事より児童の福祉を優先するのを当然とする考え方の一端に触れて、働く母親に対して保育の専門家が批判的なのにおどろいた記憶がある。

そうした指示を踏まえ、中央児童審議会の委員だった樋口恵子氏に会長を、慶応大学教授・経済学者の島田晴雄氏に会長代理をお願いした。一一名の委員は働く母親・父親としてこの問題に関わりの深い方々だが、既存の幼稚園・保育所の直接の関係者はいない。島田晴雄氏や八代尚宏氏も規制を緩和して民間活力を尊重していこうという考えの論客だし、福武総一郎氏は、ベネッセ・コーポレーションという民間の保育所を経営する企業の社長である。また女性委員も働く母親としての体験から、保育サービスの需要者としての意見が強い。その点で公立保育所や社会福祉法人の関係者、あるいは幼稚園関係者や専業の母親が委員にいないと後に批判もされた。しかし「仕事と子育ての両立」という視点から子育てを論ずるので、その点はやむをえなかったと思う。

また、社会福祉法人、認可保育所園長などいろいろの立場の方々からヒアリングを行ない、さらに、全国から意見募集をして、委員以外の方の意見を極力聞くようにした。しかし、私たちはそうとは自覚しないで、規制に守られた保育業界と、その利益を擁護する議員さんたちの聖域にずかずかと侵入してしまったらしい。特に待機児童をなくすために民間の企業、NPOが保育所経営に入ってくるのを保育関係者は強くおそれていたようである。それを知らない素人のおそろしさでどんどん報告書をまとめた。

待機児童ゼロ作戦

日本の女性たちが出産とともに仕事をやめる人が多いことは、周知の事実である。第一子を出産した女性雇用者の約三分の二が仕事をやめている。

保育所の定員が不足していることは待機児童の多さが雄弁に語っている。地方では若年層が流出して少子化が進み、家族・地域の保育ネットワークもまだ機能しており、定員割れの保育所もあるが、大都市及びその近郊では待機児童が当時約三万三〇〇〇人いると言われた。その他に、待機してもどうせ入れないからと無認可保育所に預けていたり、親や親類に預けて働いている女性が三〇万人、さらに保育手段が確保できなくて仕事をあきらめている女性や潜在的待機児童まで数えれば三〇〇万人とも言われる。

この保育需要に応えるにはどうすればよいか。それに対して、三歳までは母親が保育するべきで、集団保育は子どもの健全な発達にとって望ましくないという根強い反対意見もある。しかし現実に困っている多くの母親たちを無視するわけにはいかない。何をおいても保育所の定員を増やす、量的増大をはからなければならない。だがどのような手法・手段で、どう増大させるかは委員の中でも意見は一致していなかった。

公立、特に東京都の区立の保育所の保育水準は高く、そのコストも非常に高い。エコノミストの委員は、規制を緩和しもっと多様な経営主体が保育所サービスに参入できるようにしなければ、厳しい財政状態の下で供給量は増えないと主張される。確かに自治体経営学会などの試算によると、公立保育所の約六割のコストで民間保育所は経営されている。このほか父親のパパクォータなど、男性の働き方を変えるべきだという意見、ベビーシッターなど、民間の保育サービスを利用しやすくし、保育にかかる費用を必要経費として税控除してほしいという意見も出された。

保育所を「保育に欠ける」児童のための施設ではなく「保育を必要とする」児童のための施設と定義を変え、児童福祉法の「措置」という言葉を変えるようにという意見も強かった。働く母親が貧しさのため、収入を得るためやむを得ず働くのではなく、女性も働くのがあたりまえのこととして働くようになっている時代の変化が、こうした言葉に対する違和感にもなっている。

しかし、保育所は「保育に欠ける児童」を措置する社会福祉施設だからこそ、経費に対する補助率は高く、公費が九〇〇〇億円（当時）も投入されている。幼稚園関係者からみると格段の優遇が

仕事と子育ての両立

現状

- ○職場　長時間労働・通勤・育児休業とりにくい・短時間労働者→退職者多し
- ○公立保育所　○高い保育水準　×高いコスト(税)　×弾力性がない　×定員少
- ○無認可保育所　ベビーシッター　×低いコスト(個人負担)、不安定な保育水準　弾力的なサービス
- ○社会福祉法人立認可保育所……公立に準じた水準、コスト、サービスは多様、幼稚園、企業の経営参入に反対(政治家と連携)
- ○幼稚園……少子化の中で預かり保育等へ、補助率アップを要求
- ○社会意識　○育児（特に3歳まで）は母親の責任
- ○放課後児童対策

今後の施策

- 職場改革……………………育児休業を(短時間社員、男性も)労働時間短縮→次世代育成支援
- 待機児童ゼロ作戦……・14、15、16年度で3万人ずつ　保育所定員増大
  ・新規参入（企業、NPOほか）
- 多様な保育サービス…・延長時間
  ・第三者評価
- 放課後児童対策………・平成16年度までに1万5000ヵ所
- 地域こぞって子育てを

なされている。幼稚園と保育所をめぐる幼保一元化問題も三〇年来決着がついていない。女性の就労の量・質の変化など社会環境は変わってきているのに、保育行政が十分対応しきれてないのは明らかだった。問題点を示すと上図のようになる。

森総理の熱意

第一回の専門調査会は、二〇〇一年二月五日、首相官邸で行なわれた。森総理も出席し、昨年秋に国連で働いている日本人女子職員と懇談した際に「ニューヨークでなら子どもを持っても仕事を続けることができるが、日本へ帰ったら無理」と言われた話を披露された。日本でも女性たちが仕事と子育てが両立するようにしなければ、と自分の言葉で熱意をこめたあいさつだった。

総理の熱意は委員にも反映する。皆さん

はりきって、この問題にとりくんでくださった。しかし六月までに結論を出すにはお互いの意志疎通が重要である。

各委員も仕事と子育ての両立支援がいかに重要か、関心の深い方ばかりであるが、まず委員が日頃何を考えているか、お互いの意見をよく聴く必要がある。合宿とまではいかなくても、都内で長時間討論をしようということになり二月二四日、土曜日の昼過ぎから夜まで虎ノ門パストラルの一室で開催した。委員は都合のつくかぎり、途中参加、途中退席もあったが、全員で熱心に議論していただいた。この間に後の提言の基礎となる意見が数多く出された。また、実際に働きながら子育てをしている人や、保育など子育ての現場で両立支援に取り組んでいる人を中心に、広く一般に意見を募集した。二月二七日の第二回会合で決定し、その日から三月一二日まで二週間に寄せられた意見は五一六通。このほか、各専門調査委員の協力で約一〇〇通の意見が寄せられた。圧倒的多くは女性で、それも今現在子育てで苦闘している最中の女性たちの痛切な声が多かった。少子化と育児休業制度で問題ははっきりしてきたが、事態はガラっと好転したわけではない。私も二人の子を育てていた時は必死で保育を、何とか充実させてほしいと切実に感じていたことを思い出した。年月がたっても事態の深刻さは変わっていない。

森総理が忙しい公務の間をぬって必ず出席されたのは、各省に対して大きなメッセージとなった。総理が熱心に取り組むプロジェクトだと、各府省も重視して丁寧にフォローしてくれる。たとえば、ヒアリングにも関係課長自らきちんと対応する。調整官庁（内閣府）は現場の省庁（この場合は厚生労働省など）が協力して情報をくれないと成果が出ない。

厚生労働省としては、日本の保育行政は世界的にみて遜色がないという認識だった。一方、森総理の言葉どおり確かにアメリカでは、公立の保育所は整備されていないが、ベビーシッターなどの私的サービスが豊富なこと、仕事の密度は濃いが、残業時間は少なく自分で働き方をある程度コントロールできること、通勤時間が短いことなどで子どもを持っても働き続けている女性が多い。日本は、職場が子どもを持った女性が働くにはハードすぎることが最大の問題であるという認識は、専門調査会のなかで徐々に深まった。

保育所の経営

一方、ヒアリングをした保育専門家の中にも、子どもは母親が愛情をもって育てるべきで、低年齢保育は子どもの健全な発達によくないと信じている方もあった。保育所に子どもを預けて働く母親が仕事を優先し、子どもを十分な愛情をもって育てていないという批判もにじんでいた（この批判は後で自民党との調整の中で噴出する）。

しかし全体の議論としては、六月までに結論を求められた事情もあり、まず当時全国に三万三〇〇〇といわれる待機児童をなくすことが火急の目標としてとりあげることとなった。その際に島田晴雄委員や八代尚宏委員は公設・公営の保育所だけでなく、公設民営で株式会社など多様な経営者が保育所を経営するように「規制緩和」を強く主張される。長女を公立保育所に預け、二女を私立保育所に預けた私の経験からも、公立は設備・施設は私立よりもずっと水準が高く、保育士さんたちも全員資格をもち研修も行なわれまじめだが、私立のように親の状況に配慮して弾力的な時間延長や習いごとのような付加サービスはしてくれないのはよくわかっている。全体として私立の方が、保育サービスの多様化に努め利用者の融通がきくと実感していた。たとえばこの当時延長保育を実施している公立保育所は一七％だが、私立では六三％にのぼる。公立保育所の担当者は児童の福祉に詳しい保育の専門家という意識が強く子育てに時間をさけない働く母親と時に摩擦もおきる。

東京都内の区立保育所はどこへ出しても恥ずかしくない高い水準の保育サービスを提供しているが、そこに入ることのできる子どもは少数である。子どもが区立保育所に入れない圧倒的多くの母親は子どもたちを劣悪な条件の無認可保育所に預けるか、仕事を続けるのをあきらめざるを得ない。しかも区立保育所のコストは高く、多額の税金が投入されている。一部からは勤続二〇年三〇年といった中高年の保育士さんが若い保育士さんと同様の仕事をしているのに高給を食んでいる、という批判もある。本来はこれは筋ちがいで、勤続している保育士さんの給料を問題にするなら年功序列で高給を得て相応の仕事をしていない中高年男性の給料も問題にすべきだが、ここらにも男尊女卑の固定的性別役割分担意識が反映して、家族を養う男性は働きが悪くてもある程度の収入は必要と思われている。

株式会社など多様な経営主体が保育に参入する際は、多様な保育が行なわれるサービスの水準を明らかにし、本当にサービスの質が問われる。その水準が守られているか監視・審査することが不可欠である。一部の無認可の保育所を経営する株式会社の中には、採算を優先してサービス水準が劣悪なところもある。

学童保育も重要である。働き続ける母親たちは六歳までは保育所に頼れるが、小学校に入った途端に途方に暮れる。低学年の児童は午後の早い時間に帰宅する。現在も親が帰るまで、自主的な学童保育クラブ、児童館の放課後児童健全育成事業など、いろいろな取り組みが行なわれているが、量も質も不十分である。親たちは近所の人や、子どもの友だちのお母さんに頼むなど、やりくりに頭を悩ます。

中間発表

検討しているうちにいろいろの問題点が浮かびあがってくる。子どもたちを保育所・放課後児童健全育成といった施策できちんと育てるよう対応するのはもちろん必要だが、男性や他世代も含め社会全体・地域全体が子育てを応援する雰囲気づくりが重要であるという意見が強くなった。

また、ここは樋口会長とまったく意見の一致するところだが、両立の一番の課題は職場である。育児をしない男性と同じように女性も仕事優先で働かなければ、正規の社員とみなされないような職場はまだまだ多い。サービス残業や転勤など男性と同じように働くことを期待される職場で、多くの女性は仕事をやめている。職場にとどまった女性でも育児休業を取っているのは二〇〇一年当時五六・四％にすぎなかった。ましてや男性（法の趣旨から言えば、女性と同様育児休業を取る権利をもっているはずだが）は〇・四％しかとっていない。男女平均の有給休暇の消化は五〇％そこそこ、サービス残業や転居をともなう転勤も辞せず。こういう仕事オンリーの男性の働き方を変えなければ、仕事と子育ては両立しない。両立は女性だけでなく男性にとっても大きな課題である。

いろいろな意見をバランスをとって網羅し、体系的・論理的に文章化するとかえってインパクトが弱まるのは過去の審議会の答申作成で経験している。ここは明確なメッセージを伝えることが必要である。だからまず、職場をどう変えるかを最初にアピールすることとした。

次の問題は絶対的に足りない保育所の定員を増やすこと、それを象徴するのが待機児童である。「待機児童ゼロ作戦」とネーミングして、保育所定員の拡大をめざすことにした。そして保育サービスの質の向上、放課後児童対策などという施策も合わせ、①両立ライフへ職場改革、②待機児童ゼロ作戦、③多様で良質な保育サービスを、④必要な地域すべてに放課後児童対策を、⑤地域こぞって子育てを、と五つの柱をたてるところまで整備し、中間発表をした。

2　小泉内閣へ

政治の意志

その後、森総理の退陣表明、自民党総裁選、小泉総裁の選出と政局は目まぐるしく変化した（二〇〇一年四月）。「仕事と子育ての両立支援」は森総理直々のプロジェクトだったので、総理交替で失速してしまう懸念も大きかった。しかし、小泉新総理は五人の女性を閣僚に登用したことに象徴されているように、女性に関する施策に熱心である。

四月二八日、新総理が各省から事務説明を受けられる際に、私も指名され説明時間が与えられた。「待機児童ゼロ作戦」など男女共同参画の推進は、いわば生活の構造改革で、小泉総裁の経済の構造改革と車の両輪として進めるべきだという私の進言に新総理は大きくうなずかれ、五月七日の所信表明演説の中でも「待機児童ゼロ作戦」の推進、男女共同参画について、しっかりと言明してもらえた。

新総理が、この「仕事と子育ての両立支援策」に熱心というのは大変ありがたいことだった。最終報告について、具体的な数値目標と達成時期をつめる各省庁との折衝も、小泉総理が理解を示しているという事実が追い風になった。

それでも各年度の保育所の定員を何人増加させるか、放課後児童の居場所確保施設数をいくらにするかという数値目標を明らかにするのは困難だった。政府予算は一年ごとにつくられる単年度主義である。三年先、五年先まで数字で縛られるのを財務省も各省庁もいやがる。

平成一六年度までに各年度五万人ずつ定員を増加させるという数値も、日の目をみるまで夜中の二時、三時までの折衝が続いた。優秀といわれる日本政府の公務員も法律によって規定された過去のルールに縛られて、新しいことは自分で決められない。辛うじてここでそれができたのは、「政治の意志」が明確に示されたからである。内閣府男女共同参画局がいくら「将来のために両立支援は不可欠」といっても、公務員同士の折衝ではここまでの数値目標と達成時期を明らかにすることはできなかったと思う。

五つの柱にそれぞれ、具体的な目標と施策を書き込み、さらに各委員の意見で、専門調査会の報告に盛り込まれなかったものも併記して取りまとめ、六月一九日の男女共同参画会議に報告した。

閣議決定

私たちはこれで、当初の予定どおり、六月までに支援案を取りまとめてほっとしたのだが、今度はこの報告を政府全体の意志として確認し責任をもって行なうために「閣議決定」をしてはどうかという意見が出てきた。

確かに局のはじめての仕事が、閣議決定として権威づけられるのは、さい先の良いスタートである。しかし、はじめから閣議決定にするという方向で各方面の了解をとっていなかったので、手続きを急がなければならない。内閣官房や各省庁は、内容が変わらなければ特に反対しないということだったが、自民党の了解をとるのが大変だった。

自民党の政調（政策調査会）の下には内閣部会、厚生労働部会などの部会があり、各省庁の政策は担当部会の了承を得て総務会、三役ともちあがることになっている。今まで、内閣部会には節目ごとに説明してきたが、保育行政と関係深い厚生労働部会でも説明しろという要求がくる。普通は担当省庁、この場合厚生労働省が説明するのだが、私が出席して説明した。女性が仕事をするために保育所に子どもを預けるのはいかがなものか、といった主張だけでなく、「規制緩和」「多様なサービス」あたりは子どもの福祉を二の次にして大人の都合ばかり優先させているのではないか、企業が参入してカネ儲けをしたらどうするのか、あるいは、自分たちの了解を得ないでこんな報告をつくり閣議決定しようなんて党を軽んじるものだと、どんどんエスカレートし、反論できる雰囲気ではない。

折しも小泉内閣の下で経済財政諮問会議が骨太の方針を出して、内閣と自民党が緊張関係にあったことも影響していたのだろう。「局長、おまえの首などとってやる」と言った議員さんもいた。その後官房長官も調整に尽力してくださり、何とか自民党の了解を得て、七月六日の閣議決定にこぎつけた。閣議決定文には関係者との調整の結果、「子どもの福祉を最優先する」「社会福祉法人等」という文言が挿入された。

その後すぐに参議院選挙となり、選挙の応援演説でも小泉総理はこの「待機児童ゼロ作戦」をよく引用された。いわば政府の公約として認知されたことによってこの施策はそれ以後も、選挙でもしばしば引用される政策となっており、平成一五年度、一六年度においても、保育所定員の五万人増、放課後児童クラブの増設が進んでいる。しかし、いくら供給を増やしても需要が増えるので、待機児童は減るどころかかえって増加している。

さらに画期的なのは、二〇〇三年七月次世代育成支援法が制定されたことである。これは合計特殊出生率が下げどまらずついに一・三二にまでなったのに危機感を抱いた厚生労働省が、省を挙げて取り組んだ法律である。これによって「仕事と子育て両立支援策」において「一番大事」と認識していながら民間企業に強制するだけの施策が盛り込めなかった「両立ライフへ職場改革」で提言した事項を実施する後ろ盾を得た。

たとえば「男性に少なくとも五日間の育児休業・出産休暇の活用」を掲げ、育児休業取得率の目標として女性八〇%、男性一〇%という数値が出され、短時間勤務社員への普及も採り上げられた。企業内保育所への補助の拡大などもなされた。

男女共同参画局の役割は、まず提言し、それを突破口に各省庁がフォローアップするという点で両立支援策はきわめて意義があったのではないかと思われる。従来の行政なら、保育は厚生省マターだから他の省庁は口出しすべきでないという暗黙のルールがあった。内閣府、そして小泉政権のスタート時は、そうした古いルールが変わった瞬間であり、その変化の潮目の中で「待機児童ゼロ作戦」を柱の一つとする「仕事と子育ての両立支援について」が閣議決定された。

3 各専門調査会の活動

二〇〇一年一月から仕事と子育ての両立支援に関する専門調査会が短期集中型で仕事に取り組んでいたのに並行して、基本問題専門調査部会、女性に対する暴力専門調査部会、苦情処理・監視専門調査会、影響調査専門調査部会の四つの専門調査部会を立ちあげた。基本法に規定された任務を行なうための三専門調査会と、今後、社会の要請によって生まれてくる新しい課題をとりあげる受け皿としての基本問題専門調査会である。将来の男女共同参画計画の改定の際にも基本問題専門調査会で検討することを想定している。

男女共同参画会議の一二人の有識者議員はそれぞれの専門調査会に分担して入り、できるだけ会長・会長代理を引き受けていただいた。暴力専門調査部会と影響調査専門部会は、非議員の島野穹子（つくば国際大学教授）、大澤眞理（東京大学教授）両専門委員が会長に就任された。これらの部会の活動と成果については以下の各章で詳しく紹介したい。

第2章　女性に対する暴力

1　配偶者暴力防止法

「女性に対する暴力」は、長い間存在していたにもかかわらず、深刻さ、重要さが認識されず、見えていなかった問題である。たとえば家庭内（夫婦間）暴力は、「夫婦ゲンカは犬も食わない」と見なされ、セクシュアル・ハラスメントも、「目クジラたてるほどのことではない」、性犯罪も「被害者にもスキがあったんだろう」という認識の下で顕在化してこなかった。

しかし人権の基本として、暴力は、その対象が男女年齢のいずれを問わず、また加害者と被害者がどんな間柄にあっても許されないという認識が近年次第に定着してきた。ボスニアなどでの紛争下、民族浄化の悲惨な事例が報道されて国際的関心が高まり、国連においては一九九三年三月、「第三七回女性の地位委員会」で女性に対する暴力撤廃宣言が検討された。そこでは女性に対する暴力は人権問題と位置づけられ、同年七月「ウィーン宣言及び行動計画」でも、公的及び私的な生活における女性に対する暴力の撤廃がうたわれた。また、一九九三年の第四八回国連総会では「女性に対する暴力の撤廃に関する宣言」を採択している。

こうした積み重ねの中で、女性に対する暴力は女性の人権に対する侵害であり、許されないという認識が深まり、北京会議など国際的な会議や文書で必ず採り上げられるようになってきた。

配偶者暴力への認識

戦争・紛争下における女性への暴力、性犯罪、セクシュアル・ハラスメントなどと並んで、家庭内の夫婦間の暴力も女性の人権侵害として関心があつまり、二〇〇〇年六月、ニューヨークで開催された特別総会でも、各国の取り組むべき課題として大きく採り上げられた。

日本では家庭内での女性に対する暴力は潜在化しており、私的な問題として矮小化されることが多かった。しかしこうした国際的な動きに即して一九九九年に行なわれた「男女間における暴力に関する調査」（総理府）では、夫から「命の危険を感じるくらいの暴行」を受けた経験が一度でもあると回答した女性は四・六％もおり、医師にみせる程度の傷害も含めるとさらに多くなることが明らかになった。夫から身体的暴力を受けた女性のうち、被害を警察、人権擁護委員会等の公的な機関に相談している者の割合はそれぞれ一％未満ときわめて少なく、多くの被害者は「自分さえがまんすればなんとかこのままやっていけると思ったから」「自分にも悪いところがあったから」と考えている。この背景には、夫婦の経済力の格差、男尊女卑的な意識など、わが国の男女が置かれ

命の危険を感じた経験の有無

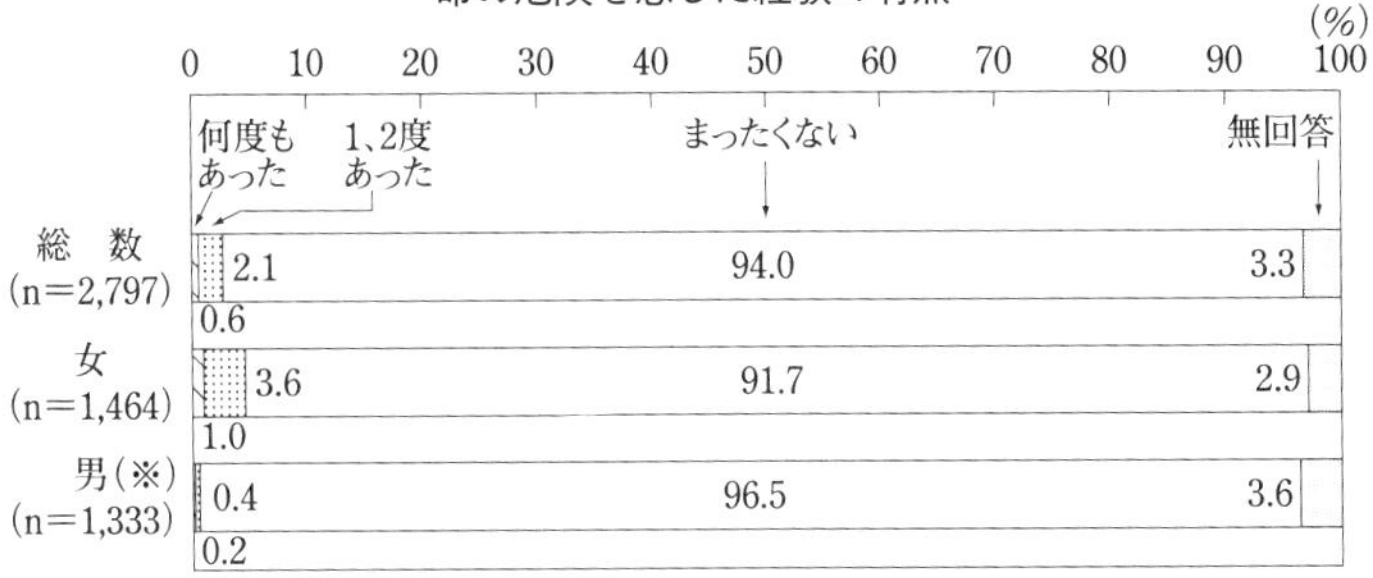

注：男性全体における「何度もあった」､「１、２度あった」については､それぞれ0.2%、0.4%となっているが、その合計である“あった”については、この比率同士を合計したものではなく、実数同士を合計して該当数で割ったものを使用しているため、四捨五入により0.5%となっている。
資料出所：内閣府「男女間における暴力に関する調査」（平成11年）

ている状況等に根ざした構造的問題が横たわっていることがうかびあがってきた。

政府の対応に先んじて、民間においては相談やシェルターなどさまざまな取り組みが実施されていた。政府の男女共同参画審議会に「女性に対する暴力部会」が設けられ（一九九七年六月）、「女性に対する暴力のない社会をめざして」（一九九九年五月）、「女性に対する暴力に関する基本的方策について」（二〇〇〇年七月）がそれぞれ答申された。これらをうけて男女共同参画基本計画においては、一一の重点目標の一つとして「女性に対するあらゆる暴力の根絶」を掲げ、その中の一項目として「夫・パートナーからの暴力への対策の推進」をあげている。

配偶者暴力防止法

このような状況の下、「配偶者からの暴力の防止及び被害者の保護に関する法律」（以下「配偶者暴力防止法」）が二〇〇一年四月、議員立法として成立した。法案はまず四月四日参議院本会議で可決され、同六日衆議院本会議で成立し、同一三日に公布、一〇月一三日から施行されることとなった。

この法律は参議院「共生社会に関する調査会」（石井道子会長）から提出され成立したものである。同調査会の下に各会派の議員が超党派で参加し設置された「女性に対する暴力に関するプロジェクトチーム」で検討が進められてきた、約三〇回の勉強会や議論を経て法律案が作成された。各省庁も陪席し、議論に参加した。

内閣提出の法律の場合、既存の法律との重複、矛盾がないか法制局、あるいは各省庁が細かくチェックする。そのため、最近は従来の法体系と考え方の違う法案を内閣から提案するのは難しくなっている。その中で時代の要請に応えて議員提案でこの法律ができたのは、政治が力をつけてきているのに対し、行政が内部から硬直して対応能力を失いつつある状況を示す好例といえる。

男女共同参画基本計画でも「女性に対する暴力」は早急に取り組むべき個別課題とされていたので、局がスタートしてすぐ男女共同参画会議において専門調査会設置の準備を進めた。四月三日の男女共同参画会議で「女性に対する暴力に関する専門調査会」の設置が議決され、夫からの暴力だけでなく、性犯罪、売買春、セクシュアル・ハラスメント、ストーカー行為等を調査検討することとされた。委員にはこの分野の専門家に、政府の対応に批判的な人も含めて広く参加していただいた。

しかし専門委員会設置直後に配偶者暴力防止法が成立し、半年後に施行されることとなって急速な対応が迫られたので、専門調査会ではまず法律の円滑な施行に向けた検討に取り組んだ。この法

配偶者からの暴力の防止及び被害者の保護に関する法律フローチャート

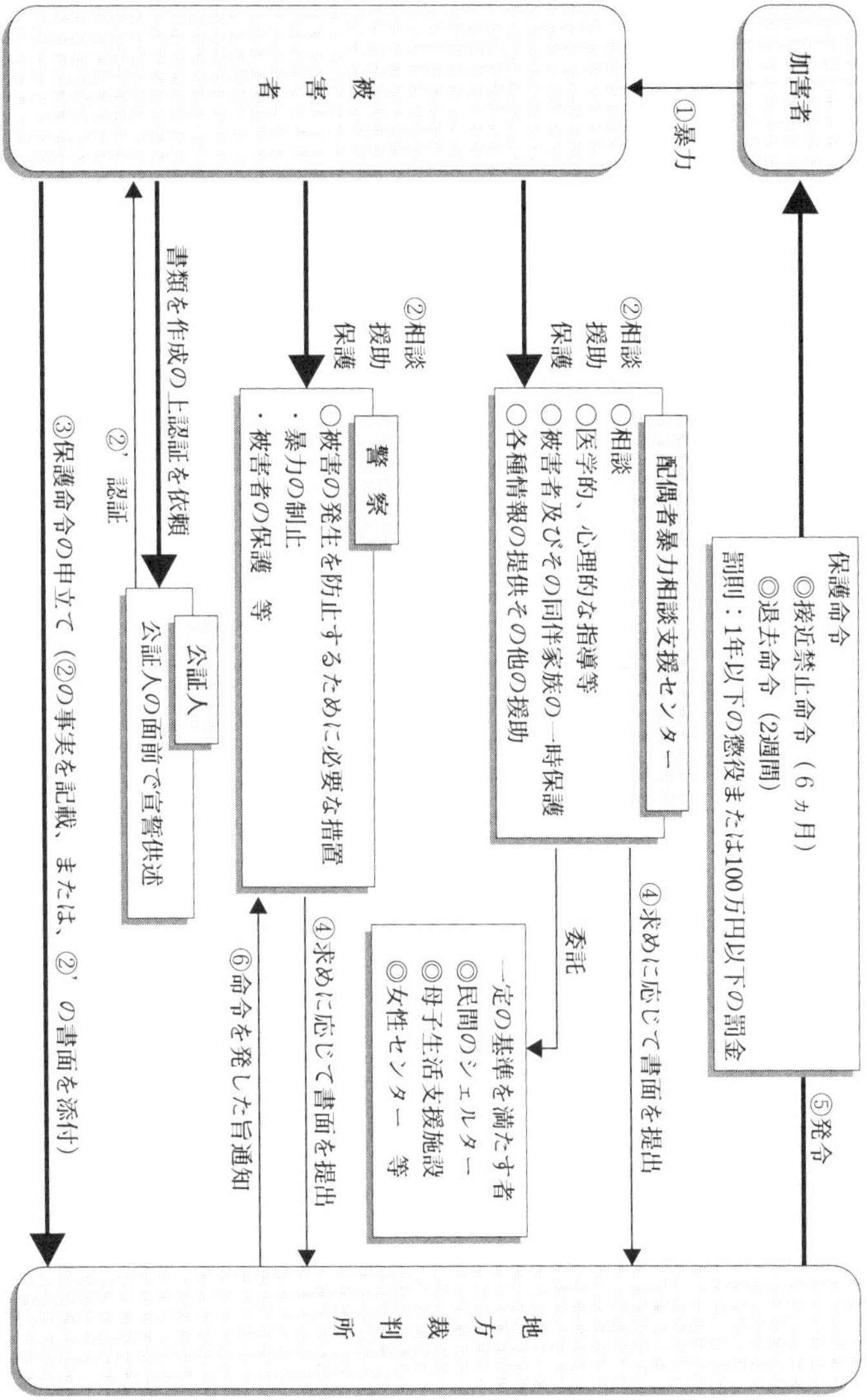

律の関係省庁は内閣府のほか、警察庁、法務省、厚生労働省などであるが、このほか地方公共団体の果たす役割も大きい。また関係者にこの法律の趣旨を伝え、被害者の尊厳を傷つけるいわゆる二次被害を与えないように注意を促すことも必要であり、さまざまな立場からこの専門調査会の活動に大きな期待が寄せられた。

配偶者暴力防止法の柱は二つある。一つは被害者の申し立てにより、裁判所が加害者に対し接近禁止命令、退去命令を発し、命令違反に対して刑事罰を科する保護命令の制度を新設したことである。もう一つは都道府県に配偶者暴力相談支援センター（都道府県が設置する婦人相談所その他の適切な施設、以下「相談支援センター」）を置き、被害者の相談、指導、一時保護、情報提供その他の援助を行なうことである。

施行への提言

専門調査会では二〇〇一年一〇月と二〇〇二年三月に意見をまとめて報告した。これは配偶者からの暴力に関する初めての総合的な法律を生かし、被害女性の尊厳を守り効果的な解決策を提供できるようにすることをめざしたものである。

施行前に懸念されたのは、警察など女性への暴力に新たに取り組む機関が被害者にきちんと対処できるか、関係機関の間で連絡がたらいまわしにならないか、相談支援センターの指定などがきちんと行なわれるか、保護命令が迅速に出されるか、相談支援センターの担当者が専門的に対応できるか、被害者・加害者にこの法律の存在が周知できるか、などの点であった。

専門調査会の意見では、それぞれの懸念に関する対応策が主な柱となっている。一〇月の第一次意見は、1総論　2配偶者暴力相談支援センター等　3医療関係者による通報・情報提供　4保護命令　5職務関係者に対する研修　6広報啓発の推進、で構成されており、三月の第二次意見は、「加害者の更生のための指導の方法」「被害者の心身の健康を回復させる方法等の調査研究の進め方」や「民間団体に対する援助のあり方」などについて提言をしている。二〇〇一年一〇月から保護命令の制度が、二〇〇二年四月から相談支援センターが動きだしたことにより、一定の成果が上がり、社会の認識は格段に深まった。

2　施行後の動き

しかし、その後も、配偶者暴力関係で社会的に反響の大きな殺人事件が神奈川（元夫が元妻を拉致し元妻の親を殺害）、東京（妻をかくまった女性を殺害）などで発生している。

またこの間、法律制定時には見えていなかった問題や、見えてはいたが十分に検討を行なう時間が取れなかった問題について見直しを求める声もあがり、参議院ではプロジェクトチームが再度検討を開始した。そのため専門調査会でも二〇〇三年二月以降再びこの法律の施行状況について検討するとともに、法律の見直しについての論点をまとめて二〇〇三年六月に報告した。二〇〇四年五月にはこの意見をとり入れ、改正案が成立した。

施行状況

法施行後一年間の施行状況をみると、全国一〇三の施設において相談支援センターの機能が一応果たされている。余談になるが、私がEUを訪問した際に、日本では全額公費で運営される公的な施設が一〇〇以上もあると紹介すると感心された。アメリカやヨーロッパの国々では民間のDVセンターやシェルターに補助金や委託費が払われているが、全額公費で直接行なっている国は少ない。もちろん、職員の処遇資格など、改善すべき点は多いが、体制は国際的にみて誇っていいのではなかろうか。

相談支援センターには、法施行後の一年間に三万五九四三件、ほぼ月に三〇〇〇件の相談が寄せられている。その約三分の二は電話で三割が来所である。一時保護は半年で三三八三人、平均一四・一日在所している。また一二〇の施設が自治体と一時保護の委託契約を結んでいる。

警察においても、一年間に一万四一四〇件の相談、援助要求、保護要求を受けている。保護命令の申し立ては、一八ヵ月間に二〇〇五件、そのうち一五七一件に保護命令が発令されている。平均審理期間は一一・一日である。保護命令に違反して検挙された件数は四三件、起訴されたのは四一件である。研修については警察庁、法務省、厚生労働省、最高裁判所でも職務研修が実施されている。中でも警察では採用時、昇任時の研修をはじめ組織的に行なわれており、それが警察の対応を予想されたより迅速にしている。

広報啓発については、男女共同参画推進本部構成府省庁が主唱し、毎年一一月一二日から二五日の二週間にわたって実施される「女性に対する暴力をなくす運動」を活用して毎年一一月二五日にシンポジウムを開催した。また、パンフレット、広報用ビデオを作成配布するとともに政府広報を大々的に行なった。一一月二五日は国連の「女性に対する暴力根絶の日」である。また女性に対する暴力根絶のためのシンボルマークを作成した。まず一般公募で当選したデザインを、太田幸夫氏にアレンジをお願いした。シンボルマークのコンセプトは、女性が髪を逆立て、コブシを胸の前で交差するファイティングポーズで「暴力を絶対許さない」という強い意志を表現したものである。もっと女性の顔を優しくしたら、とか、コブシを前で交差するより、上にあげるとか、外の方に広がるイメージがよいとかいろんな意見があったが、当初の案に落ち着いた。局の暴力担当の封筒や資料にこのマークを押したり、ポスターにしたり、ピンバッチをつくったりと広報の小道具として活用した。官房長官や議員の方にもつけていただいたし、外国からのお客様にあげたり、国際会議で交換したりしている。

次には共同参画のテーマソングをつくりたかったのだが、「どのように公平に選ぶのか」「盗作があったらどうするか」「審査員の謝金をどうするのか」……といった具体的課題がクリアできず、そのままになっているのは残念である（局長が発案し、部下が実行可能性をチェックすることが多く、普通の役所とは反対だった）。また地方公共団体の担当者向けの研修会や「相談の手引」の作成、インターネットによる情報提供などを行なった。

いろいろな調査

平成一二年度は「配偶者等からの暴力に関する事例調査」として、被害経験を有する女性から、暴力被害の内容、暴力を振るう加害者の実態、被害者が得た支援等について聞き取り調査を実施した。ケース数は五六人と多くないが、「首をしめられてこれで終わったと思った」「金具のついているベルトでなぐられた」など具体的な生々しい実態が明らかになった。

平成一四年度は「配偶者等からの暴力に関する調査」を全国四五〇〇人（回収：女性一八〇二人、男性一五二〇人）に実施し、配偶者・パートナーへの加害経験、被害経験、また一八歳になるまでの家庭における暴力の経験について調査した。その結果は平成一一年度調査同様、命の危険を感じた経験を持つ女性が四・四％となっている。

平成一四年度は、加害者更生に関する調査研究も行なった。イギリス、ドイツ、韓国、台湾、アメリカにおける加害者更正について調査した。各国の司法制度、更生制度が異なる（たとえばイギリスには犯罪者への処遇の一つとして社会刑があり、たとえば福祉施設で一定期間働くなどが科される）し、予防的に多くの加害者にプログラムに参加してもらうのか、そうではなく接近禁止命令を受けた者だけが、あるいは保護監察処分の一つとして受講するのか、自発的に受講するのか、あるいは強制的・限定的に受講するのか、それによってプログラムの内容も変わるので、さらに検討を進めることとなっており、一六年度は東京都、千葉県で研究を行なう。

加害者更生の調査結果は、当初「地味な調査だしマスコミが大々的にとりあげてくれることはないだろう」と大きく記者発表をしなかった。しかしある時、取材の記者の方と一般的なおしゃべりをしている時に話題にしたら、興味を示してもらったので、調査結果説明会を行なうことにした。部下たちは何人集まるか危ぶんだが、約七〇名の参加があり、マスコミの関心の深さをあらためて実感した。

段階的な課題設定

配偶者の暴力についての研究・知見の蓄積は、まだ少ないが、法律が制定され社会的関心が高まっている中で、内閣府の仕事として定着してきている。配偶者暴力防止法の見直しについての論点としては、今回の改正に優先的に盛り込むべき「当面の課題」、問題意識は共有されており、その内容も具体的だが今回の改正には時間的制約があって盛り込めない「中期的課題」、まだ議論が煮つまっていないが長期的には検討が必要と思われる「長期的課題」と三つに分けて提言している。

「当面の課題」としては、①元配偶者も保護命令の対象に含める（刑法やストーカー規制法で対応すべきだと考えられていたが、配暴法の対象にしてくれとの要望が多い）、②接近禁止命令により保護する対象に子どもを加える（現行法は被害者本人へのつきまとい等を対象としていたが、同伴する子どもをつれだしたり、つきまとうことも禁止するよう改正）、③退去命令の期間を二週間から一ヵ月に延長する、④保護命令の再度の申し立てに、支援センターや警察での相談の事実が活用できるようにする、⑤退去住居付近のはいかい、の禁止、⑥「暴力」を精神的暴力を含む概念として整理する、⑦被害者の自立支援について明文で規定するの七点を挙げている。

「中期的課題」としては、①接近禁止命令の保護対象の親族等へ拡大、②脅迫行為への拡大、③電話等による接触の禁止、④保護命令の延長制度、⑤市区町など身近な窓口の設置、⑥外国人被害者の保護を挙げている。

「長期的課題」としては、①緊急保護命令の創設、②接近禁止命令の期間延長、③加害者更生、④恋人等の保護についての整理、⑤子どもの位置づけなどが挙げられている。

これらは一般の暴力と配偶者暴力はどこが違い、どうして保護が必要なのか、他のストーカー規制法、刑法などでカバーできないのか、十分な検討が必要だとされている。

二〇〇四年六月には、当面の課題に対応する改正案が成立した。

3　トラフィッキングなど

女性に対する暴力は配偶者からの暴力だけではない。専門調査会では売買春、性犯罪、トラフィッキング等についても検討した。配偶者暴力防止法の改正スケジュールが早まったので一時中断したが、セクシュアル・ハラスメントも加え改めて検討を再開し、二〇〇四年二月に意見をまとめた。

トラフィッキング（人の売買）は、近年国際的に注目されている課題である。日本はこうした女性の受け入れ国とされているが、国内では特殊な問題であり、認識も情報も十分ではない。被害女性の救援に当たっている大津恵子委員からの申し出により、専門調査会とは別に、被害女性出身国のコロンビア、タイの在日大使館の担当官、救援活動をしている女性の家サーラの担当者、政府側からは外務省、警察庁、法務省、そしてオブザーバーとしてアメリカ大使館の担当官と非公式な意見交換の場をもった。

私たちは実態について統計もなく十分知らなかったが、被害者側は日本政府の対応が行なわれていないと批判し、一方で担当省庁は現行法の枠組みの中で最大限の対応をしていると反論し、結論は出なかった。しかし、こうした意見交換は初めての試みで、慎重な各省庁がよくぞ出席してくれたと感謝している。トラフィッキングは暴力団の資金稼ぎ等に利用されているだけに生半可な対応はできないが、政府がまず問題意識をもつことが必要である。

このほか性犯罪に関して前田雅英委員からヒアリングをしたが、強盗は懲役五年以下の刑罰が科されるのに対し、強姦は懲役三年以下の刑罰となっていると指摘されたのが印象的だった。確かにかつての貧しい時代では、暴力で金品を奪う強盗の方が、女性の尊厳を侵す性犯罪より重いとされたのだろうが（あるいは当時刑法の審議に女性が関わることができなかったからか）、現在ではいかにもバランスが欠けている。将来の具体的な検討課題である。

売買春についていては、特に援助交際と軽く表現されている少女買春、あるいは一般週刊誌にも堂々とのっているヌード写真、盛り場だけでなく一般住宅地にもあふれるポルノ的な看板やビラなどについて規制できないのか私はもっと議論してほしかったが、時間が十分ではなかった。少なくともポルノ的表現は特殊な場でのみ許されるべきで、公衆の前からは遠ざけるほうがよい。そしてリプロダクティブ・ヘルス／ライツや性教育が「性の乱れ」につながると恐れる前に、性は人間性そのものであり、金銭を授受したり、他から強制すべきでないと強調される必要があると思う。

政府が強権で規制するのはふさわしくないテーマだが、「女性の人権の尊重」は品位ある社会をつくる上で不可欠である。女性に対する暴力を根絶することは、女性の人権尊重の第一歩である。

第3章　女性のチャレンジを支援する

1　女性を政策・方針決定の場へ

現在の日本社会で女性が直面している最大の課題は何だろうか。もちろん配偶者からの暴力のように人権を蹂躙するような状況はまだ残っているし、それには断固として強い態度で「ノー」と言わなければならないが、私はそれと並んで、もっと女性たちの能力を社会で十分活用すること、そのために女性がもっと政策決定に参画する機会の拡大が急務だと信じている。国際的にみても日本の女性の教育水準は高く（約半数が高等教育を受けている）、一人当たりの国民所得も高く、法制度上の差別もないはずだ。が、国会議員、管理職等政策・方針決定に参画する女性は先進国の中できわめて低い。それがＧＥＭ（ジェンダー・エンパワーメント指数）四四位という結果を招いている。もっと女性の声を各分野の政策・方針決定に反映するためにはいろいろな分野で女性が進出するのを奨励しなければならない。平成十五年度白書で見たとおり（第11章参照）、アメリカを除く多くの先進国では、女性の進出を促進するため、政党や企業が特別活動（ポジティブ・アクション）をしており、そのための法律や制度を作っている国も少なくない。

数値目標

政策・方針決定への参画というと、とかく「上昇志向、権力志向」と見なされがちである。基本問題専門調査会の委員の中にもそれを危惧する人がいた。女性の中でも女性であるということで人権を侵害されている「本当に気の毒な、可哀そうな状況にある人を支援する施策」については「そうだ、それはほうっておけない」と賛成する人は多い。が、政策・方針決定参画支援については「個人個人が力をつけて、がんばったら」と冷ややかになる。配偶者暴力防止法が比較的社会全体の賛成を得られたのと対照的である。

しかし、女性たちが政策・方針決定に参画することで、まず、法律、制度の策定や運用において、今まで活用されなかった女性の新しい才能を発揮する機会があれば、女性の立場が配慮されるようになる。これは現に国会や地方議会でおこっている。それだけでなく、女性の能力や適性に対するイメージを変えるロールモデル（お手本）となって、次の世代の女性たちを勇気づけるなど間接的な影響も大きい。政府は婦人問題担当室時代の一九七六年以来、審議会の女性委員を増やす対策を続けてきた。目標を掲げて努力を続けた結果、一〇％、一五％、二〇％と増え、二〇〇三年九月末現在二六・九％となっている。この活動を始めた時は審議会委員は女性だから選ばれるのではなく、高い識見と業績によって選ばれるべきだとか、女性には人材がいないとか抵抗は大きかったが、一〇年経過した頃から抵抗はやわらぎ、今では審議会に一定数の女性委員をいれなければならないというのは常識になってきている。

他の分野でも、数値目標を掲げ、持続的に取り組めば女性が進出できるというのが私自身の婦人問題担当室時代からの経験にもとづく信念だった。しかし、女性の進出を支援しようという気運はバックラッシュ等もあって最近かえって低下しているし、当時は不況の影響もあり、社会全体が閉塞感にとらわれ後ろ向きになっている。女性のチャレンジ支援を打ち出した場合、どの程度の賛成が得られるかどうかはわからないので慎重に進めなければならなかった。

チャレンジ支援

まずは、二〇〇二年一月一八日の男女共同参画会議において小泉総理に「女性のチャレンジ支援が重要」と言っていただけるようお願いした。その前に当然、官房長官、内閣府の了解を取っておく。総理は「女性たちが元気になれば、男性も元気になる」という言い方で、女性のチャレンジ支援策について検討するよう指示された。

実は、女性が元気になると元気がなくなる男性がかなりいて、そういう人たちが女性の進出を快く思わず、言葉の揚げ足を取りいろいろな理屈をつけて反対する。幸い小泉総理はそういうタイプの古い男性ではなく、率直に女性の活躍を喜ぶ男性なのでこういう自分の言葉が出てきたと思う。

その指示をうけて、基本問題専門調査会でチャレンジ支援策について検討することとした。総理には、通常国会冒頭の施政方針演説の中でもとりあげてもらったため、それを受けた一月二八日の専門調査会では「これは重要な、男女共同参画会議として一丁目一番地の仕事（一番最優先すべき仕事）だ」と積極的に取り組むことで一致した。

上へのチャレンジ・横へのチャレンジ・再チャレンジ

議論の過程で、政策・方針決定への参画を表すのに「上へのチャレンジ」という言葉を使ったが、この「上」という言葉はよくないという委員もいた。また審議会の女性委員の登用を促進する際にも「女性は専門分野が偏っていて人材が乏しい」という声をよく聞いたように、「上」に進出する前提には、女性の活躍分野が「横」に広がり各分野の人材の層が厚くなることが重要である。さらに政策・方針決定への参画だけでなく、いったん出産や育児で家庭をもった後再就職、つまり「再チャレンジ」する女性も視野に入れていくべきだとなり、生涯を通じたチャレンジ支援も取り上げることとなった。これらを「上へのチャレンジ」「横へのチャレンジ」「再チャレンジ」とスローガン風に並べ、三本の柱とした。

これによって政策決定への参画を増やすという当初の目標はややぼけたが、「上昇志向」という批判へのあたりは柔らかくなった。後に自民党の部会などで説明した際に、「チャレンジ支援というのはエリート女性を応援する施策で、普通の女性を無視している」という批判があっても、「いえいえ再チャレンジも三つの柱の一つです。子育て後再チャレンジできる環境が整っていれば安心して出産・子育てができるし多くの女性自身もこれを望んでいます」と言うことができた。チャレンジ支援の基本的な考えについて各委員はそれぞれ活発な意見をもっていたが、併せて各分野の実情や取り組みについてもヒアリングを行なうこととした。まずは経済分野ということで、経済産業省、厚生労働省、企業、経済団体、地方自治体などから説明を聞いた。

2 経済分野へのチャレンジ

女性の参画の少ないのは経済分野である。企業における女性管理職の割合は、増加傾向にあるとはいえ、部長一・八％、課長相当三・六％、係長相当八・三％（二〇〇二年）となっている。これは直接給与格差にも影響してくる。女性管理職が少ない理由として、勤続年数が短く研修、訓練の機会も少ないことが挙げられ、それが補助的な特定の職域に女性を固定することにつながっているとされる。私自身経済企画庁への出向経験から、アメリカの女性経営者調査をした一九八〇年当時もてはやされていた日本的経営と女性の関係について、『米国きゃりあうーまん事情』（一九八一年、東洋経済新報社）の中で論じている。

日本の典型的とされる大組織では、長期安定雇用を前提とし、年功で地位、賃金が上がる。その中で社員は知識、技術、技能を身につけ、組織内部の人的ネットワークをつくり、行動様式や価値観も同じになる。その結果、社員同士のチームワークはよく、また企業に対する忠誠心も強くなり、不況期の賃下げ、好況時の残業にも耐える。コミュニケーションがスムーズで誤解が少なく、チーム内で技術や経験の伝達や蓄積ができる、将来必要となる分野の人材を長期的に養成することがで

女性管理職が少ない又は全くいない理由別企業割合（複数回答）

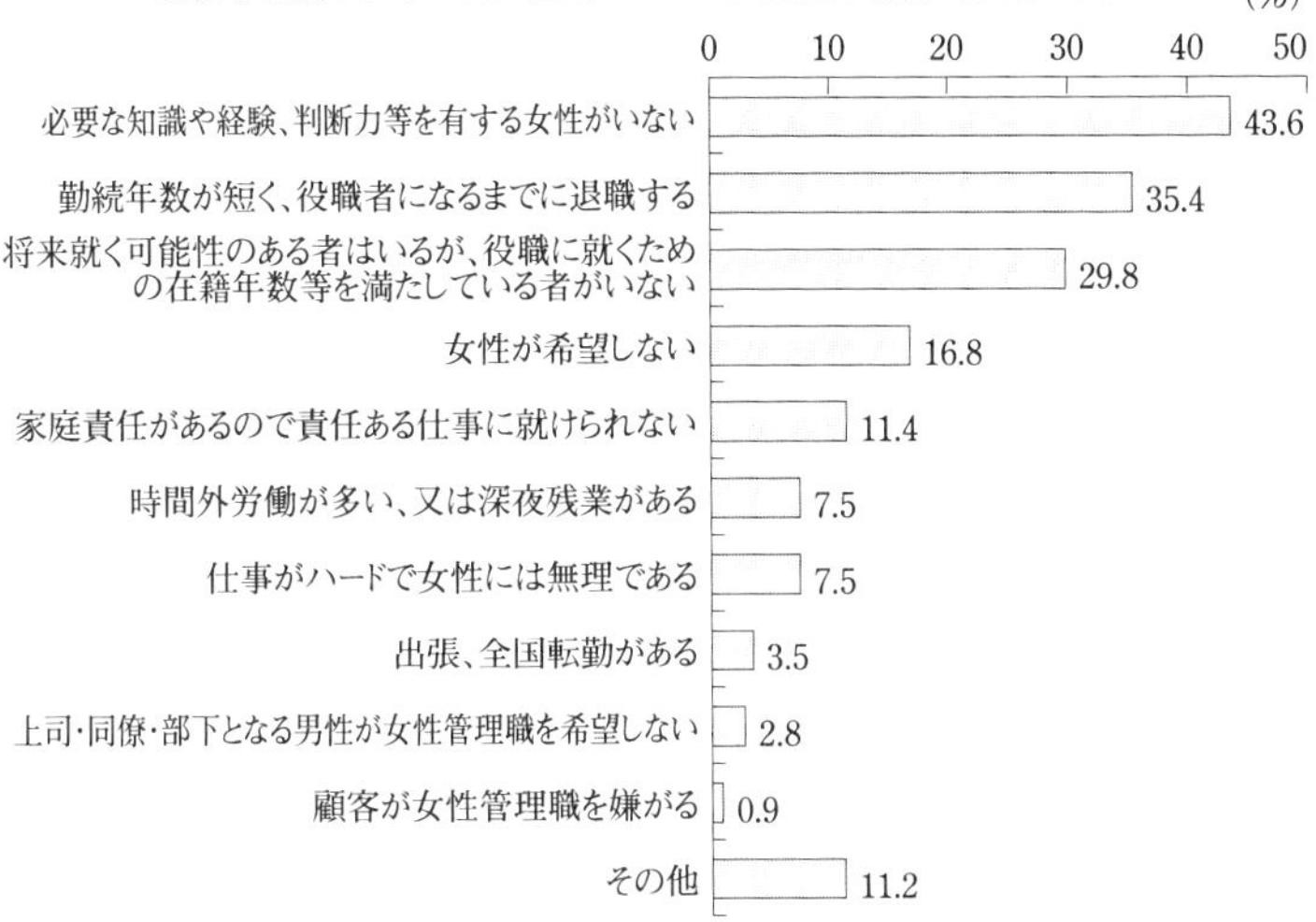

女性の活用問題別企業割合（複数回答）

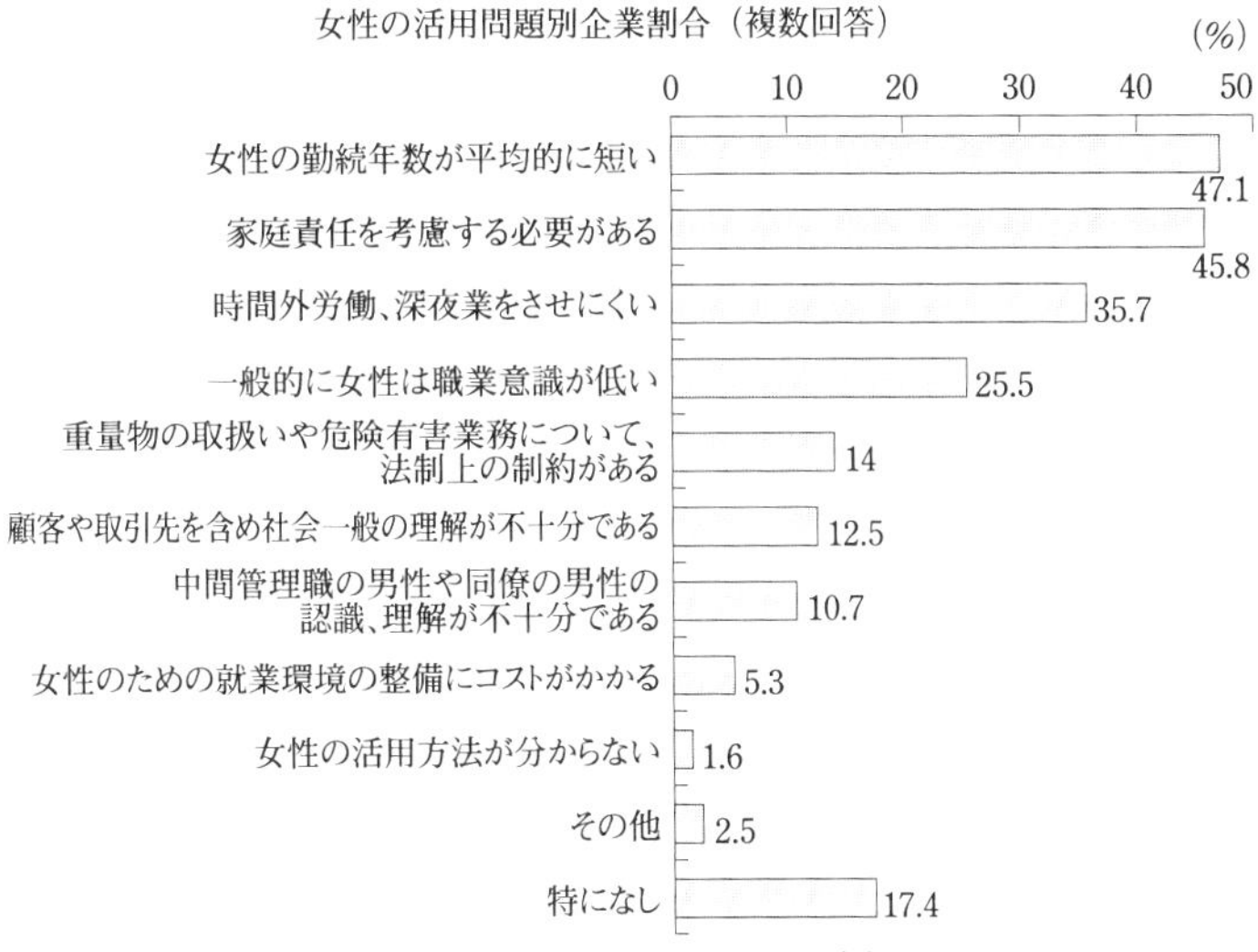

資料出所：厚生労働省「女性雇用管理基本調査」（平成12年）

きるなど多くのメリットがある。後述する影響調査（第6章参照）で見るとおり、社会保険や税などもこうした日本的な経営を維持強化する役割を果たしてきた。

しかしこれは家事育児をほとんど自分だけで担い、出産、育児や夫の転勤など家族の都合で仕事をやめる確率の高い女性にとっては苛酷な制度である。この過酷な制度に多くの女性は適応できず、それが女性のキャリアの確立を妨げてきた。しかし同時に、このような同じ働き方のできる社員ばかりという同質経営は、日本の経営の弱点ともなっている。日本の経営は長い期間をかけて昇進し、同じような価値観をもつ社員の雇用管理、能力開発にはきめ細かく対応し大きな成果をあげる。しかし異質な人を受け入れ、その能力を発揮させる点では対応が不十分である。また能力主義、成果主義といいながらもその評価はあいまいで、公正に評価されなかった。日本的な経営の下では女性だけではなく、特別な能力を持つ人も、外国出身者も、障害のある人も居心地が悪く自分の能力を十分に発揮できない。それは変化しつづける環境に適応していかなければならない企業にとっても、不利である。企業組織内部で多様な価値や発想を認めることは、企業の活性化につながる。

たとえば多国籍企業のＩＢＭはダイバーシティ（多様性）の確保が企業の創造力をうみ、活性化につながるとして、会社を挙げて取り組みを進めている。ダイバーシティの対象は外国人、障害者、女性等広いが、日本ＩＢＭでは特に女性に焦点を絞ってダイバーシティを進めることとし、企業内に女性の活用のための委員会を設置し、女性にも働きやすい環境を作る努力をしている。具体的には、①女子社員比率の向上、女性管理職比率を男性と同等レベルに、②ワーク・ライフ・バランス、③メンタリング・プログラム（部門長が相談にのる）、④女性フォーラムの開催や女子中高生向けエキサイト・キャンプの実施、⑤経営者層への理解促進などを目標としている。日本IBMのような例はまだ少ないが、資生堂、松下電器、東芝などでも取り組みが行なわれている。多国籍企業では常識だが、日本ではまだ少ない。

一九八五年の雇用機会均等法の成立以降、雇用の場における男女差別は禁止されているが、女性の登用は進んでいない。いわゆる総合職（企画的業務に従事し、全国的な転勤のあるコース）は結果的に約五割の企業で男性のみが採用され、いわゆる一般職（定型的業務に従事し、転居をともなう転勤のないコース）は結果的に約六割の企業で女性のみが採用されている。

そのほか女性のキャリア形成に当たって、見習う手本となる女性の上司や先輩が少なく、職業生活を通して将来の展望がもちにくい（ロールモデルの不足）、周囲で励ましあい助けあい教えあう人の輪がない（ネットワークの不足）、親身になって相談にのってくれる幹部（メンター）が少ない、という環境が女性のキャリア上、不利となっている。一方、無視できないのは、女性自身が男性のように個人生活を犠牲にするような働き方はしたくないとためらい、意欲を持ちにくいという意識面の障害である。しかし、企業が男性中心の風土を変えることが未来を切り開くことにつながるという発想に転換するようになれば、企業風土ははっきり変化するに違いない。

最近、日本経営者団体連盟が設置した「ダイバーシティ・ワークルール研究会」が、日本企業もこうした多様な人材を生かす戦略が必要と提案しているのは、まさに正鵠を射ている。女性の登用は単に企業の社会的責任を果たすためにやらなければならない〈負担〉ではなく、企業にとってプラスであるとの認識が必要である。

外国の女性公務員登用の推進体制

	ドイツ	フランス	イギリス	アメリカ	大韓民国	日本(参考)
女性の採用・登用の拡大施策の背景となる法令等(例)	・女性と男性の同権実現のための法律（第２次男女同権法）（1994年） ・男女平等法(2001年)	・男女職業平等法（1983年） ・首相通達(2000年)	・改正同一賃金法（1983年） ・改正性差別禁止法(1986年) ・公務員の機会均等化を達成するための行動計画(1997年)	・公民権法(1964年) ・妊婦差別禁止法（1978年）	・女性活用推進基本法(1995年) ・男女差別禁止法（1999年）	・国家公務員法(1947年) ・男女共同参画社会基本法(1999年) ・男女共同参画基本計画(2000年)
各省庁における担当者	あり	あり	あり	あり	—	なし
数値目標を含む計画	女性の地位向上計画を事業所ごとに策定	女性の登用改善計画を各省庁ごとに策定	政府近代化白書の中で策定	積極的雇用計画を各省庁ごとに策定	女性公務員活用推進計画	なし

外国の勤務環境の整備、職業生活と家庭生活の両立のための主な支援策

		ドイツ	フランス	イギリス	アメリカ	大韓民国	日本(参考)
休暇・休業	育児休業	あり	あり	あり	なし	あり	あり
	介護休暇・休業	あり	あり	あり	あり	あり	あり
	病気看護休暇	あり	あり	あり	あり	あり	なし
柔軟な勤務形態	フレックス	あり	あり	あり	あり	なし	なし(注2)
	短時間勤務	あり	あり	あり	あり	あり	なし(注3)
	ジョブシェアリング	なし	なし	あり	あり	なし	なし
	在宅勤務	あり	あり	あり	あり	なし	なし
	職員専用の託児施設(注1)	あり	あり	あり	あり	あり	なし(注4)
	女性の能力開発意識啓発のための研修	あり	あり	あり	あり	あり	一部あり
	苦情処理のためのシステム	あり	あり	あり	あり	あり	あり

（注１）職員専用の託児施設については、国によっては一部の省庁のみ
（注２）研究公務員のフレックスタイム制はあり
（注３）保育時間、部分休業はあり
（注４）病院等の機関には一部あり
資料出所：人事院平成12年度年次報告書

3　公契約と補助金

企業・団体を動かすには

それでは具体的な支援策としては何が考えられるのだろうか。各国では雇用の分野でのポジティブ・アクションを積極的に進めている。たとえばアメリカでは、年五万ドル以上の政府契約を締結し、五〇人以上を雇用する事業主は、アファーマティブ・アクション・プログラムの作成を義務づけられている。

まず専門調査会で検討されたのは、公契約や補助金の活用である。入札や補助金交付の際に男女共同参画の観点が取り入れられないか検討した。たとえば福岡県福間町は、町と契約する事業者に各企業の女性社員の数、処遇等の報告を求めることとしている。また、東京都千代田区では、建設工事等の競争入札参加資格の審査の際に「男女共同参画社会の実現への貢献」等に関する状況報告を提出させて考慮することとなっている。たとえば、「育児休業・介護休業等育児又は家族介護を行う労働者の福祉に関する法律」(育児・介護休業法)に規定する制度の基準を上回る制度を独自に制度化している場合(法律では育児休業は一年間だが、それより長く設定している、など)には、総合数値に加算することとしている。

専門調査会では、国の公共事業の入札については同様のことができないのか検討したが、会計法、予算決算令の原則では、経済性・公正性が厳しく求められている。わかりやすくいうと、業者が不当な利益を上げないように客観的な数字を重視明確に安価に入札する事業者を選ぶとされており、あいまいな基準で政治的な関係などが入り込んで不透明な裁量が行なわれないように、金額で明確に判断できるよう規定されている。しかし会計法のなかには「経営の規模及び状況」も事業者を選定する基準の一つとされており、地元の中小企業を優遇する自治体はこの規定を活用している。この「状況」の一つの審査項目として、男女共同参画の状況の報告を求めることは可能だという解釈がある。その際にも「男女共同参画に熱心」とか「女性の比率が高い」といったあいまいな基準ではなく、①均等法違反をして企業名を公表されているかどうか、②ポジティブ・アクション計画を策定しているかどうか、③育児・介護休業制度の基準を上回る制度を独自に制度化しているかどうかなど、明確にイエスかノーかはっきりして、当局のサジ加減で裁量されることがない基準とする必要がある。

現行法の枠内でも、宮城県は公共工事の入札参加資格において障害者雇用率を判定基準としている。環境配慮ということでＩＳＯ認証を取っている事業者を優遇するところもあるし、「労働福祉の状況」として雇用保険加入・健康保険加入の有無、賃金不払い件数などを審査項目に入れることは広く行なわれている。私自身は、法律・政令があるからできないのなら、法律・政令を変えればよいと思うが、私たちに法律を変えるだけの力はなかった。

男女共同参画も、労働福祉の一環、あるいは企業の社会的責任の一つとして認められれば、法律の運用も弾力的になるだろう。

アメリカでは大統領命令一一二四六号によって、五万ドルを超えるすべての連邦の契約には均等

雇用の分野におけるポジティブ・アクション（諸外国の例）

国名	法律名	対象者	法制の概要	雇用状況の分析	計画の作成	制裁
イギリス	性差別禁止法	規定なし	特定の仕事について、直前12ヵ月間に一方の性の者が皆無又は比較的少数の場合事業者が次の措置を行なうことは、差別に該当しない。 ・女性又は男性のみに対し職業訓練施設の利用を認めること ・女性又は男性のみに対し仕事を行なう機会の利用を奨励すること	企業の任意	企業の任意	なし
ドイツ	女性雇用促進法（第２男女同権法）	連邦の行政機関、裁判所	・３年後ごとに女性雇用促進計画を策定し、公表・要員の公募に当たっての、女性の応募の促進 ・女性雇用促進計画に従い、採用、昇進についての女性比率を高めること ・女性問題委員の任命	報告の提出の義務づけ	計画の作成の義務づけ	なし
アメリカ	大統領命令第11246号	年５万ドル以上の政府契約を締結し、50人以上雇用する事業主	対象者に対し、書面によるアファーマティブ・アクション・プログラムの作成が義務づけられている。	（計画の中に含まれている）	計画の作成の義務づけ	企業名の公表 政府契約の取消 契約締結権の剝奪
カナダ	雇用衡平法	100人以上雇用する事業主	次のことが義務づけられている。 ・特定グループに対して雇用上の障壁となっている雇用慣行の除去 ・様々な職務において、特定グループが労働力全体に占める割合に比例した一定割合を目標とした雇用衡平計画の作成 ・各職種に占める特定グループの割合、使用者数、解雇者数に占める特定グループの割合等について、毎年主務大臣に報告書を提出	報告の提出の義務づけ	計画の作成の義務づけ	雇用状況の分析の報告 提出義務違反に対し罰金
オーストラリア	アファーマティブ・アクション法	高等教育機関と100人以上雇用する事業主	対象者に対して労働者を雇用する企業に対して、機会均等のためのアファーマティブ・アクション・プログラムを作成・実施し、毎年報告することが求められている。	（計画の中に含まれている）	計画の作成及びその実施状況の報告の義務づけ	計画の実施状況の報告 提出義務違反に対し、議会での企業名の公表

機会条項を置くこととされており、契約者は、人種、国籍、性別等によって雇用者を差別しないこと、採用についてはアファーマティブ・アクションがとられるべきことなどを合意しなければならないとされている。違反した場合は契約の破棄、及び将来の契約からの排除という強力な措置が採られている。イギリス、フランス、イタリア、スウェーデンなどヨーロッパの国々でも法律でポジティブ・アクションへの取り組みを規定し、民間事業主に計画の作成を義務づけたり、雇用状況の報告の提出を求めるなど、女性の進出を後押ししている。ノルウェーは民間企業の取締役の四割を女性にするよう求めている。

それに比べ日本の雇用機会均等法では、ゆるやかな規制が行なわれるにすぎない。幸い最近は福間町のように一歩先をいく自治体の試みが現れはじめている。福井県武生市も条例で「市と取引関係がある事業者及び市から補助金の交付を受ける者に対し、その事業者などの男女共同参画推進状況について報告を求めることができる」としている（報告提出への「協力」が得られなくても書類不備で不受理ということはない）。

広島市は条例で補助金の交付団体に対し、「補助金の交付において、必要があると認めるときは、方針の決定過程への女性の参画の推進その他の男女共同参画の推進に関し、適切な措置を講ずるよう求めることができる」（広島市男女共同参画推進条例一七条）としている。市では実際に補助金を交付している団体に男女共同参画に関する調査を実施し、現状に問題があるとされた場合、企業はいつまでに是正するか市に回答することになっている。

このほかにも、東京都や神奈川県など、「事業者に対し、男女の参画状況について報告を求めることができる」と規定した条例を持つ地方公共団体は多い。その中で神奈川県は、従業員三〇〇人以上の事業者を対象に毎年、従業員数・男女の内訳、職務区分別従業員数・男女の内訳、管理職の数・男女の内訳、教育訓練の実施状況、仕事と家庭の両立を支援する措置の有無、セクシュアル・ハラスメントを防止するための措置の有無、などについて調査しており、その結果を事業者にフィードバックするとともに、好事例は紹介することとしている。これらは強制ではなくジェンダー統計の活用によって現状を認識してもらい、問題点に「気づき」それを基として女性の登用活用を図ろうという取り組みである。

企業の社会的責任

民間でも企業コンプライアンスや企業の社会的責任が議論されはじめている。法令・ルールの厳守、社会貢献などと並んで女性への差別の解消もその一つである。こうした「良い」企業がトクをする仕組みが作れれば動きは加速する。

男女共同参画局でもＳＲＩ（social responsible investment）のように、社会貢献をしている企業に投資するファンドが活用できないかと関係者と意見交換をしたことがある。環境配慮企業に投資するファンドで成功を収めたグッドバンカーというコンサルタント会社もあるが、女性登用・活用に熱心な企業に投資するというファンドはまだ支持が得られていないそうである。環境配慮が企業のイメージアップに役に立つ、環境配慮する企業は業績もいいと、投資家は評価する。しかし女性の活用は企業にプラスという評価は確立するところまではいっていないのが現状である。この認識がぜひ定着することを期待したいし、これを立証するような研究調査も必要である。経済産業省の女性活用委員会の研究でも、女性雇用率、女性管理職比率の高い企業は成長率が高いという因果関係が紹介されていた。当然ではあるが環境の変化に合わせて自らの経営方針を柔軟に変容していける企業が成長している。女性を登用したから成長するというより、成長する企業は女性を活用しているのが現実である。

ここは卵か鶏かという話になるのだが、社会で「女性に対する差別は不公平だ」という認識が深まれば、法律の運用や条例の策定が好意的に受けとめられる。逆に法律や条例を変えなければ、社会の認識は変わらないという側面もある。差別撤廃は日本社会の認識の変化を待たず、国際基準にあわせて法令化したことでここまで進展した。政府はどうしても世論の動向を見定めようとして及び腰になりがちである。それを後押しする世論やNGOの役割は大きい。そうすれば政治が動き、法律が変わる。

4　ポジティブ・アクションの法制化

私はこのチャレンジ支援策を推進していくことで、雇用機会均等法の再改正に結びつけたいとひそかに期待していた。一九九七年に改正された均等法では第九条においてポジティブ・アクションを認め、第二〇条に基づき企業の自主的なポジティブ・アクションを国が援助することができるとされている。しかし現在、ポジティブ・アクションに取り組む企業は全企業の二六・三％にとどまっている。

厚生労働省は「女性の活躍推進協議会」を設置し、企業がポジティブ・アクションに積極的に取り組むようにという提言を出した。また各都道府県労働局においても協議会が開催され、ポジティブ・アクション推進に努めている。厚生労働省の任務に対して、内閣府の専門調査会の報告でどこまで書きこめるか、担当者間のぎりぎりの折衝の結果、「厚生労働省において、ポジティブ・アクションを積極的かつ効果的なものとする立法措置を視野に入れた検討を行なう」という表現を残すことができた。

普通、各省庁は他府省の文書に自分の所掌の仕事を束縛する表現を入れることには大反対する。しかし厚生労働省は、この表現を受け入れてくれた。今後も内閣府の方がまず問題提起をし、それが世論を動かし、それを追い風に各省庁が立法や法改正を行なうという方向に動いてほしいと心から願っている。

農林水産分野

民間企業以外の分野でのチャレンジ支援も少しずつ行なわれている。

積極的なのは農林水産分野である。農村コミュニティを活性化するためには、女性たちにがんばってもらう必要があるという考え方が広く受け入れられている。農村は伝統や因習が残る保守的な地域とみられがちだが、実は高齢化や人口流出により農村コミュニティが崩壊するのではないかとの危機感が高まっているからである。現実に農村の女性たちは農作業、農業経営を担っており、基幹的農業就業人口の約六割を占めている。私も埼玉県をはじめ全国で生き生きと活躍する多くの農村女性に会っている。

こうした女性の意見を生かさなければ農業経営の明日はないとして、全国農業協同組合連合会では、女性の登用に積極的に取り組みはじめた。現在農協正組合員の女性比率は一四・三％、農協役員は〇・六％であるが、正組合員女性比率二五％、合併農協は女性理事二名以上など、地域ごとに女性の参画目標が策定されている。

さらに女性の経営参画を促進するため、①生産技術や経営能力向上のための支援、②農村女性の起業に必要な融資・技術支援などのほか、女性が住みやすく活動しやすい環境づくりのため農業活動と子育て両立支援、過重労働の軽減、女性農業者のネットワークの充実などが図られている。農業・農村に関しては構造改善事業などに莫大な予算が組まれ、技術指導や生活改善の指導員など手厚く人員が配置されているので、女性関係にもきめ細かな施策が行なわれている。

科学・研究の分野

研究分野においてもチャレンジ支援が必要である。研究分野は能力主義、実績主義が浸透しているように思われるが、古い慣習が残っている。女性の大学・短大進学は五〇％に近く、大学院博士課程進学課程の院生の二八・八％が女性であるにもかかわらず、総務省「科学技術研究調査報告」によると女性研究者は一〇・五％（会社等五・五％、大学一九・二％）となっており、きわめて少ない。研究に一番油がのる三〇代で出産・子育てとの両立が困難で、キャリアを中断する、大きな研究プロジェクトに入れてもらえない、不透明な人事制度などさまざまな問題がある。しかし、せっかくの才能や教育の成果を発揮しないのはもったいない。

世界的にも研究分野への女性の参画が期待されている。ユネスコ世界科学会議の宣言では「社会的、倫理的要請であるばかりでなく、全世界の科学共同体の力を最大限に発揮させ、人類の必要に応じた科学発展を期するために必要」としている。EU、アメリカ、スウェーデンでも女性の科学分野への進出を促進するため特別の活動に取り組んでいる。企業においてもそうであったように、科学の分野でも人材の層を厚くし、多様な能力を発揮してもらうことが発展のためには不可欠という認識である。差別が悪いというより差別はソンということである。文部科学省の科学政策研究所も女性研究者の支援を大きなテーマとしている。

日本においては、国立大学協会が二〇〇〇年五月にはじめて女性教員の問題を採り上げ、現状を改善するための措置を提言した。特に注目されるのは、現在国立大学の女性教員の比率が八％（助手を含まず）であるのに対し、一〇年間で、国立大学教員の女性比率を二〇％にするという数値目標である。そのためのポジティブ・アクション、女性研究者の研究環境の改善、育児・介護との両立支援、理工系等女性の少ない分野への女性の参画なども挙げられている。

国立大学協会の提言をうけ、自主的に取り組む大学等もあらわれている。たとえば東北大学、名古屋大学、放射線医学研究所などである。国立大学協会では、今後一〇年間フォローアップを行なうこととしており、各大学ごとの数値を公表して無言のプレッシャーをかけている。これによると東京大学など旧帝大系の大学は女性の登用率が低調である。

二〇〇〇年六月には日本学術会議からも、大学・研究機関に対し、女性科学者の環境改善について具体的措置の要請がなされた。今後一〇年以内に女性の比率を一〇％にするという数値目標も出されている。女性科学者の業績を顕彰する「猿橋賞」も女性科学者を勇気づけ、また社会の理解を深める上で大きな役割を果たしている。こうした積み重ねが重要である。

また科学技術分野への女性の進出が近年日本でも増加しているが、「科学技術分野における女性研究者の能力発揮」（三菱総合研究所）と題する報告書では欧米に比してまだまだ少ないとし、一〇の提言を行なっている。その中では、研究継続が可能となる育児支援施策の拡充や、多様な就労形態の導入というあらゆる分野で働く女性に必要とされる環境整備とともに、「評価の透明性」「機会均等」のため公募制の徹底、競争的研究資金への評価基準を明らかにする、などの提言が行なわれている。科学の分野で業績中心の評価が行なわれていないのが女性科学者の登用を妨げているという認識である。女性の登用のために、評価基準を公開し広く機会を開けば、女性以外の外国人国籍の研究者、在野の研究者、学歴・学閥のない研究者にも門戸開放することになるに違いない。

行政でのチャレンジ支援

行政分野においては第8章で紹介するように、二〇〇一年五月に人事院の指針が出され、また六月に男女共同参画推進本部決定がなされたことを受けて、二〇〇一年中に全府省において二〇〇五年を目途とした「女性職員の採用・登用拡大計画」が策定され、女性国家公務員の採用・登用の拡大に向けて取り組んでいる。しかし省庁によって取り組みには温度差があり、環境省のように、採用者のうち女性三〇％という数値目標を掲げた省もあれば、努力するという表現にとどまっているところもある。二〇〇四年四月には、Ⅰ種事務系採用の三〇％を女性とする人事担当課長申し合わせが行なわれた。

公務員は試験合格者から採用されるが、上位の職種では受験する女性自身が少ないので合格者、採用者も少ない。できるだけ多くの女性が公務員に魅力を感じるようにすることからはじめなければならない。一方、地方公務員では、女性は受験者の二六・五％、合格者の二三・〇％を占めている。国以上に地方公務員の女性の登用や能力発揮をめざさなければ国民へのサービスも低下する。地方公務員は両立支援の制度は整っているので、勤続者は多い。この女性たちの能力を腐らせていては悪影響が出る。

諸外国でも国家公務員全体に占める女性の割合は四〇％から六〇％だが、上位の役職に占める女性の割合は一〇％から二〇％とそれほど高くない。そのためイギリスでは二〇〇五年までに上位の役職（課長以上）の公務員について政府全体で三五％を女性にすることを目標としている。また、育児、介護、看護休暇、休業制度や職員専用の職場の託児施設など職業生活と家庭生活の両立を図るための努力が行なわれており、女性の能力開発、意識啓発のためのプログラムをつくり研修を行なっている。

国際機関においてもジェンダー・バランスに配慮され、同等の能力がある場合は女性を優先するなど、女性の登用が進められている。日本人は全体として分担金に比べ職員の数が少ないが、その中では女性の割合は高く、日本人職員の約六割を占めている。

また国の審議会の委員等については一九七六年以来数値目標、達成期限を明示してポジティブ・アクションが行なわれており、現在は二〇〇五年度末のできるだけ早い時期に三〇%を達成することをめざしている。二〇〇三年九月末現在は二六・九%である。

各種団体でのチャレンジ支援

各種団体においても女性の登用は十分ではない。女性の専門職への登用が進み、各種団体の会員に占める女性の割合は増加しているが、医療、法務、会計、商工、教育、マスコミ、労働組合関係団体の女性役員は少なく、いくつかの団体では、性別データそのものがない状況にあった。そのため、平成一三年度に男女局では各団体に郵送調査を実施した。調査をすること自体が刺激になる。

一方で、それ以前から女性の登用に熱心な日本薬剤師会、労働組合総連合会、日本生活協同組合連合会などの団体はそれぞれ目標をかかげ、ポジティブ・アクションに取り組んでいる。

二〇〇二年一〇月、えがりてネットワーク主催ということで、このような団体の代表の方々に官邸に集まってもらい、官房長官、企画委員と意見交換したが、医師会が欠席だったのは残念だった。自治会などで地域活動についても実働は女性、役員、特にトップは男性という例が多いが、滋賀県長浜市など、地域づくりに女性の力を生かしている自治体もある。

再チャレンジ支援

再チャレンジについては、日本の雇用慣行が女性の継続就業を妨げている中で多くの女性にとっ

団体活動における男女共同参画について

	会員				役員総数	役員に占める女性比率	女性の登用に際して留意している点等
	総　数	男性の総数	女性の総数	女性の割合			
【医療関係】							
日本医師会	156,666(人)	137,241	19,425	12.4%	30	6.7%(2人)	会員の啓発のため、研修会、講習を行い、合わせて、生涯教育は発行物を通して年中行なっている。(注)役員数は平成14年4月1日現在の数値
日本薬剤師会	95,300(人)	43,466	51,834	54.4%	34	11.8%(4人)	正副会長は選挙により選出されるが、常務理事・理事については会長指名のため、女性を必ず登用するようにしている。
【福祉関係】							
全国社会福祉協議会	—	—	—	—	105	3.8%(4人)	役員は、加盟団体の推薦によっている。
【法務関係】							
日本弁護士連合会	18,851(人)	16,787	2,064	10.9%	85	2.4%(2人)	女性会員のみに留意しているわけではないが、研修受講に関し会員からの要望があれば、研修受講中の保育体制を準備する。(注)会員数、役員数は平成14年4月1日現在
日本司法書士会連合会	17,205(人)	15,509	1,696	9.9%	27	0%(0人)	
【会計関係】							
日本公認会計士協会	18,046(人)	16,205	1,841	10.2%	85	4.7%(4人)	本支部とも役員選挙で選出。
日本税理士会連合会	55,909(人)	59,549	6,369	4.7%	128	2.3%(3人)	
【教育関係】							
日本PTA全国協議会	11,000,000(人)	—	—	—	正会員 60	13.3%(8人)	注：正会員は各地域の代表者で議決権を持つ者。
全国高等学校PTA連合会	2,639,697(人)	—	—	—	20	5.0%(1人)	平成14年度より女性役員は2名となる予定。
【商工関係】							
ニュービジネス協議会	540(人)	470	70	13.0%	45	17.8%(8人)	活動実績のある人、若手登用、選挙により候補者を決定。
(参考)日本経営者団体連盟	職員 148(人)	103	45	30.4%	役職者 58	25.9%(15人)	注：日本経営者団体連盟は職員役職者の数値となっている。
【農林水産業関係】							
全国農業協同組合中央会	—	—	—	—	26	0%(0人)	団体会員のため、団体の代表が本会役員になっている。
【流通関係】							
日本生活協同組合連合会	—	—	—	—	46	17.4%(8人)	理事には「女性枠」を8名設け会員生協から選出されている(非常勤)。
【マスコミ関係】							
日本新聞協会	職員 54,565(人)	49,089	5,476	10.0%	—	—	職員数は協会加盟企業(新聞・通信78社)の職員数(平成12年4月1日現在)。役員は加盟企業の推薦によっており、総数50人、女性役員0人。このため、女性登用に留意する余地はない
日本民間放送連盟	職員 27,835(人)	22,004	5,831	20.9%	—	—	職員数は連盟加盟企業職員数(平成13年7月末現在)。役員は加盟企業の推薦によっており、総数42人、女性役員0人。
日本放送協会	職員 12,268(人)	11,100	1,168	9.5%	15	6.7%(1人)	
【労働組合関係】							
日本労働組合総連合会	7,288,108(人)	5,314,238	1,973,870	27.1%	57	14.0%(8人)	男女平等推進計画を策定し、2006年までに女性総合比率に基づいて女性役員を選出することを決定、加盟組織への周知を行っている。

(参考)

国家公務員(行政職一種)1～11級・指定職	228,734	189,813	38,921	17.0%	9,739	1.3%(122人)	注：役員関係については管理職(9～11級、指定職)をとっている。

資料出所：内閣府「地域における男女共同参画状況調査について」(平成14年)

て切実な課題である。

特に再就職に当たって年齢制限の壁に直面している女性は多い。年齢にかかわりなく意欲と能力を持つ人が（男女とも）就業できるように、求人における年齢制限を禁止できないかというのが私の希望だった。しかし年齢処遇は日本の雇用慣行全般にかかる事項である。年功で中高年齢者の賃金が高くなるから採用側はいやがる。厚生労働省は「労働者の募集及び採用について、年齢にかかわりなく均等な機会を与えることについて事業主が適切に対処するための指針」に基づいて指導が行なわれている。また、ハローワークにおける年齢不問求人の割合を三〇％にするという取り組みもされているので、これ以上具体的な取り組みはできないという。

しかし厚生労働省が年齢制限をなくそうとする対象として、中高年の男性の転職を想定している。女性向きにはもっと強力に年齢制限を禁止しなければ効果は上がらない。女性は休業期間が男性より長いから、再教育・再訓練をしっかり行なって職場で通用する人材として養成しなければならないという問題を抱えている。また女性自身が年齢を重ねると、どうせだめだとあきらめてしまう。再チャレンジしようと意欲を持てるように身近な成功例、お手本を示すことも必要である。

またこうした再チャレンジの支援は現在も各省庁、地方自治体、男女共同参画センターなどさまざまな機関で数多くのメニューがある。しかしメニューは多く薄く広く行なわれているので、多くの女性は「何をしたらよいかわからない」「自分に何が合うかわからない」「どこからスタートしていいかわからない」「たくさん窓口があってどこに行けばいいかわからない」と迷っているのが実情である。

また、それぞれの窓口の担当者も別の機関の行なっているサービスについては十分知らないし、各省庁の分野別の支援では、どうしても部分的なある段階だけの支援で終わってしまいがちだった。再チャレンジを希望する女性を総合的にとらえ、的確にアドバイスすることが必要である。

このような状況で、内閣府として予算を要求し定員をはりつけて新たなチャレンジ支援の事業をはじめても、屋上屋を重ねるということになる。それより、現在行なわれている事業についての情報をワンストップで提供することが必要でないかと考えた。それも、インターネットの上で「チャレンジ支援サイト」として立ちあげることとした。担当官のがんばりもあって、五月には試行版サイトもオープンした。まずは地方自治体やセンターの各窓口の人たちが、これを使いこなして情報を得て、相談や支援に役立ててほしいと願っている。将来的には一人一人の女性がこのサイトから直接情報を「いつでも、どこでも、誰でも」取れるよう、使い勝手のよいものに開発していく予定である。

さらに四月からは「チャレンジ支援ネットワーク検討会」もスタートした。企業、ＮＰＯなどいろいろな現場で活躍している委員の方々と、チャレンジ支援をどう進めていくか検討することとなっている。また地方自治体や大学と共催で、チャレンジ支援キャンペーンを行ない、女性たちに直接訴えていくイベントも行なわれている。行政は環境整備はできるが、何といっても一番の鍵は女性たち自身の意欲である。チャレンジ支援の成果が上がるかどうかは、女性たちの意欲に大きく左右される。ガールズ・ビー・アンビシャスと私は声を大にして訴えたい。

5 二〇二〇年 三〇%目標

チャレンジ支援策の中で最も今後に大きな影響を与えると期待しているのは、「二〇二〇年まであらゆる分野の指導的地位に女性を三〇%」という達成期限つきの数値目標である。

チャレンジ支援については、現状や課題等については専門調査会の委員からも多くの意見が挙がり、資料を駆使して分析できる。しかし、それにどう対処するかという施策については現行法令、各省行政ツールを活用するということで、公契約、補助金の活用もはっきり打ち出せずインパクトのある明確な提言が出せない。中間報告を一〇月にまとめて公表した際も反響はそれほど大きくなかった。私は内心焦っていた。

数値目標、達成期限を明らかに示すことがどうしても必要だし、それはこの専門調査会でうち出してもらうのが一番有効である。ただしあまり早くアドバルーンを打ちあげると、つぶされるかもしれない。まず委員の主な方々に「数値目標を出したい」と相談する。「ぜひやるべきだ」という声と「反対されたときに応戦できる理論はあるか」「内閣府内部で通るか」「バックラッシュの風潮が強くなっているが、反対キャンペーンでもはられたら困る」と危ぶむ声が交錯していた。

一番のキーパーソンは男女共同参画担当大臣の福田康夫官房長官である。数値目標を出すのは内閣の政治的意志がなければ不可能であるが、反対もある中でどこまで支持してもらえるか。待機児童ゼロ作戦も内閣の支持があったからこそ打ち出せた。二月の基本問題専門調査会で目標数値について議論のテーマにしていただき、事務局からは現実的に二〇二〇年に二〇％か、二〇三〇年に三〇％かという案を出した。二〇％というのは先進国の水準として低すぎるが、二七年先に三〇％というのも少し時間がかかりすぎると委員の間では意見がいろいろで決まらなかった。官房長官に、こうした状況を率直に説明して相談したところ、二〇％の根拠、三〇％の根拠について聞かれた。三〇％については、一九九〇年国連経済社会理事会で採択されたナイロビ将来戦略勧告で「一九九五年までにあらゆる分野の指導的地位に女性を三〇％に」という目標がある。また、現在のヨーロッパの女性管理職比率にも近いし、クリティカル・マス（ある影響力をもつ一定の量）とも考えられる。ただ現在の日本で女性の管理職が八・九％というのを考えると実現はたやすいことではなく、かなり努力が必要という数値である。こう説明したところ、官房長官は「それでは三〇％で、しかも二〇二〇年までに」と決断していただいた。

この決断を得て、国連文書では一九九五年までとなっているが日本の実情を考えて、二〇二〇年と四半世紀遅れた目標として打ち出した。三年先、五年先に三〇％を達成しろというわけでなく、猶予期間は長い。今から採用し、一五年ほどかけてしっかり育てれば管理職三〇％も無理ではないですよ、と打ち出したわけである。

実際に出してみると、「二〇二〇年までに三〇％」という数値目標は、女性の力を高く評価する人の間では、一七年も先ではいま効果が表れないと批判された。逆に、現在の日本の職場や社会の性別役割分業観が強いことを懸念する人たちには、三〇％はあまりにも高すぎる非現実的な目標だとの批判である。両方から批判されるのは、妥当な内容だったのではないかと思われる。

何度もくりかえすが、審議会の女性委員を一〇%と目標を出した時も「高すぎる」と批判されたが、一〇年で二・四%が九%になった。努力目標を打ち出す効果を私は信じている。後に触れる女子差別撤廃条約日本審査においても、この目標値については評価された。二〇二〇年三〇%は日本政府の国際公約である。

二〇〇五年には男女共同参画基本計画が改定されるが、そこで二〇一〇年までに一五%（できれば二〇%）という中間目標が掲げられることを願っている。二〇一五年でダメ押しをすれば、二〇二〇年までに三〇%近い数字になると信じている。そのためにまず公務員について実例として推進し、民間の自主的取り組みを期待する。願わくは、二〇二〇年頃には、女性管理職三〇%は当たり前となって、ここでの今の議論が昔話になってほしいものである。

第4章　選択的夫婦別氏制度

1　夫婦別氏とは

男女共同参画社会基本法では、「社会における制度又は慣行が男女の社会における活動の選択に対して及ぼす影響をできる限り中立なものとするように配慮されなければならない」という基本理念を掲げている。選択的夫婦別氏制度については、基本計画において、踏みこんで「選択的夫婦別氏制度の導入等について、国民の意識の動向を踏まえつつ、引き続き検討を進める」としており、検討課題として十分意識されていた。

夫婦の氏については、男女共同参画を推進する上でシンボル的な課題として認識され、しばしば議論されているが、二〇〇四年七月現在まだ決着していない。日本において夫婦同氏の歴史は古くない。北条政子や日野富子のように結婚しても生家の姓を名のるのは中世まではあたりまえだった。

江戸時代は武家の妻は姓名を名のる機会がなく、庶民は姓がなかった。系図にも妻○○氏というように生家の姓が記された。

明治三（一八七〇）年に平民に氏の使用が許可され、同八年に氏の使用が義務化されたが、妻の氏は「所生（生家）の氏」とされていた。しかし明治三一年制定の（旧）民法により、夫婦は戸主の氏を称することとされ夫婦同氏となった。戦後改正された（新）民法（親族編・相続編）では、家制度、妻の無能力などが廃止・改正されるとともに、夫婦の氏は、第七五〇条で「夫婦は婚姻の際に定めるところに従い、夫又は妻の氏を称する」と定められ、形式的には男女平等となった。

しかし現実には妻の氏を名のる夫婦は一％台を維持しつづけ、最近になってようやく三％程度に増加した。それでも九七％の夫婦が夫の姓を名のっており、圧倒的大多数は妻が婚姻に当たって改姓している。女性の社会進出が増加し女性たちが結婚前からの活動を続けていると、改姓によって職業上の不利益をこうむっている例は増えている。

2　各国の制度

それでは現在他の国々では、夫婦の姓はどうなっているのだろうか。各国の夫婦の氏に関する法制をみると表のとおりである。

イギリスやアメリカなどコモンローの国々では、原則として不当な目的がない限り、自己の姓名を自由に選択する権利を持つとされていたが、婚姻すると妻が夫の姓を称する慣習だった。たとえ

夫婦の氏に関する各国法制

婚氏制	国名	夫婦の氏（姓）に関する法律等
同氏制	日本	夫又は妻の氏を称する。
	トルコ	妻は夫の氏を称する。
	インド	妻は夫の氏を称する。
選択制	ドイツ	夫又は妻（同姓）もしくは各自の姓（別姓）を称する。姓を改めた者は、二重姓も認められる（1993年別姓を選択できる法律可決）。
	スウェーデン	夫又は妻（同姓）若しくは各自の姓（別姓）を称する。自己の氏又は相手の氏を中間氏とすることもできる（1983年氏名法）。
	フランス	各自の氏（別氏）を称するが、妻は婚姻中夫の氏を称する権利を有する。
	オーストリア（夫の氏が優先）	夫又は妻の氏（その決定がない場合は夫の氏）を称する（同氏）。自己の氏を後置することもできる（1995年氏名法変更法93条）。
	スイス（夫の氏が優先）	夫の氏を称するが、正当な利益があれば、妻の氏を称することもできる（同氏）。自己の氏を前置することもできる（1984年改正）。
	オランダ（夫の氏が優先）	妻は夫の姓（同姓）又は自己の姓（別姓）を称する。妻は自己の姓を後置することもできる（民法典第 1 巻第 9 条）。
別氏制	韓国	各自の氏を称する。
	中国	各自の氏を称する。
	カナダ（ケベック州）	各自の氏を称する。
その他	イギリス	不当な目的でない限り、自由に氏を選択する権利を有するが、妻が夫の氏を称するのが通例。
	アメリカ	州によって制度が異なり、制定法を有する州もある。

法務省資料

ば、メアリ・スミスさんがウィリアム・ジョンソンさんと結婚すると、手紙や名簿ではミセス・ウィリアム・ジョンソンさんになってしまう。これに反対する声は強かったが、一九七二年にメリーランド州控訴裁判所において妻の従前の姓の使用に対する権利を認める判決を皮切りに、妻が婚姻前の姓を慣習上または法律上使用することを認める判決が次々と出された。アイオワ州、ルイジアナ州、マサチューセッツ州など、州によっては法律を改正しており、現在はほとんどの州で夫婦別姓を認めている。また旧姓をミドルネームとして使う人もいるので、私も一時期マリコ・スガハラ・バンドウとサインしていた。

ヨーロッパでは一九七八年九月、EU（ヨーロッパ理事会）閣僚協議会で「民法における夫婦の平等に関する決議」が採択された。この決議では夫婦の一方が、自己の姓の変更を法律によって強制されないことが明文化されている。この決議を受けて、スウェーデン、デンマークなどが法改正を行なった。フランスではフランス革命時の姓不変の原則が現在も生きており、慣習上妻が夫の姓を使用することはあるが、法的には従前の姓を失わない。

ドイツは、日本と同様、夫婦同姓の規定があるが、一九九一年三月、連邦憲法裁判所が違憲の判決を下し、新たな立法が施行されるまで夫婦別姓を認めることとされた。その後、九三年に夫婦が同じ婚姻姓を名のることを原則とし、例外規定で別姓を認める法律が成立した。

韓国、中国等は父系血統を重視する考え方から一生同じ姓を名のり、婚姻によって姓は変わらない（同姓不婚の原則がある）。

旧社会主義国の例では、ソ連では一九一八年夫婦は共通の姓を称することとなったが、二四年に別姓が認められた。ロシアは結合姓を認めていない。他の旧社会主義国は共通姓・別姓・結合姓の選択肢をもっている。

3 日本の世論

日本においてもこれら別姓が主流となりつつある国際的動向を見ながら一九九六年、法務大臣の諮問機関である法制審議会は選択的夫婦別氏制度の導入を含む「民法の一部を改正する法律案要綱」を答申した。しかし自民党（当時）の村上正邦氏ら一部の議員に強い反対があり、法案提出はされなかった。

その後、強力な夫婦選択別姓反対派だった村上正邦氏がＫＳＤ汚職で逮捕されたこと、また二〇〇〇年四月に成立した小泉内閣の法務大臣に推進派の森山真弓氏が入閣したこと、二〇〇一年五月に、五年ぶりに「選択的夫婦別氏制度に関する世論調査」が実施されたことを受けて、基本問題専門調査会で検討を開始した。

前述の世論調査によれば、「夫婦が婚姻前の名字（姓）を名のることを希望している場合には、夫婦がそれぞれ婚姻前の名字（姓）を名のることができるよう法律を改めてもかまわない」とする者（以下、賛成する者という）の割合（四二・一％）が、「婚姻する以上、夫婦は必ず同じ名字（姓）を名のるべきであり、現在の法律を改める必要はない」とする者の割合を上回った。特にこれから婚姻を控えた当事者である若い世代（二、三〇代）では過半数が選択的夫婦別氏に賛成している。

一九八七年に一三・〇％、一九九七年に三二・五％が賛成していたのに比べても着実に増加しているが、六〇歳以上ではいまだに反対の方が多い。別姓については男女差より世代差の方が大きい。

基本問題専門調査会の取り組み

専門調査会において、選択的夫婦別氏制度が導入されていないことによる不利益について、具体的な体験や事例を広く国民から募集したところ、合計約六〇〇通に及ぶ体験が寄せられた。

職業上の不利益としては、①改姓によって同一人物であることがわからなくなり、仕事の機会を失う（営業職、自営業など）、②論文の執筆者名を変えることによって信用や実績が断絶された（研究者）、③免許上の名前（旧姓）と現実の名前が異なっていることによる混乱（公認会計士、医師等）などの事例が寄せられている。

働く女性の中では職場で旧姓を通称として使用する者もいるが、通称と戸籍名を二重に使い分けなければならず、本人のみならず周囲に混乱を生じたとか、パスポートの氏名と通称が異なるためホテルで同一人物と認めてもらえなかったという事例もあった。

長男・長女（特に一人っ子同士）の婚姻の妨げになっているとする事例も多数寄せられている。今後少子化が進む中でこうした例はますます増えていくだろう。

また、不利益を避けるため、形式的に離婚届を提出したり、婚姻届を提出しない、いわゆる事実婚を選択する者もおり、家族のつながりを重視する同姓の強制が、かえって法律婚の形骸化を招くこととなっている。

反対意見・根強い抵抗

しかし一方で、選択的夫婦別氏制度を認めることは家族の一体感（絆）を弱め、ひいては夫婦の不仲、離婚の増加、家族の崩壊をもたらすと憂慮する人々は依然として強く反対している。また両親の姓が異なると子どもが混乱する、いじめられる、家族の一体感がなくなると子どもへの影響を心配する人が多い。日本会議など一部の宗教団体や政治団体も反対意見を表明している。これらは、改正による不便・不利益は通称使用の範囲を広げることで対処すべきとの立場である。選択的夫婦別氏制度に反対する署名やＦＡＸが首相官邸にも多数寄せられている。反対する人々は明確な態度を示しているが、推進派からは強烈な意見表明は行なわれていない。

こうした情勢の中で、基本問題専門調査会の審議は「会議の意見」として決定するのは時期尚早として「中間まとめ」という形で公表され、事態の推移を見守ることとされた。私としては、国民の意見が分かれているテーマだからこそ男女共同参画会議としての意見を公表し、議論を深めるべきだと思った。が、男女共同参画会議や局に対する批判・反感を増すので慎重にという意見の委員も多く、私たちにはそれを説得する力がないまま凍結されている。自民党の女性議員の中にも民主党にも強い反対意見を持つ人もおり、意見を集約するのは難しい状況である。

4　実現に向けて

もし民法で選択が認められた場合、現実に別氏を選択する人はどの程度いるだろうか。前述の世論調査では、別氏を認めるよう法律を変えてもいいという意見を持つ人の中でも、自分自身が別氏を希望するという人は一八・二%（全体の中では七・七%）である。私はこうした少数者の意向を尊重する「寛容さ」がこの社会にあってよいと考える。しかし反対派の人々は選択的夫婦別氏制度が認められれば、必要のない人まで別氏の方がカッコイイと別氏を選択し、別氏が多数派を占めるのではないかと恐れている。この認識の差が賛否を分けているのかもしれない。

そのため、法務省は家庭裁判所の許可を得て同氏を認めるという裁判案を検討しているが、これに対しても反対が多くまだ決着がついていない。

通称使用の拡大

選択的夫婦別氏制度が膠着する中で、内閣府では官房長官の意向もあり、通称使用の拡大を図る努力を続けた。

まず「国の行政機関での職員の旧姓使用について」という各省庁人事担当課長会議申しあわせを行なった（二〇〇一年七月一一日）。職場の呼び方、座席表、職員録、人事異動通知書、出勤簿、休暇簿などは職員の申し出によって、旧姓を使用できることとし、二〇〇一年一〇月一日から実施することとなった。

私自身私的な原稿執筆は長い間、旧姓の菅原眞理子で行なっていたが、不便でもあり、職場で時々不要な摩擦を生じたこともある。この措置によって若い人たちはその点ずいぶん自由に旧姓使用ができるようになったと思う。私が埼玉県副知事をしていた頃、県庁内で「公権力の執行に関わらない活動」に旧姓使用を認めることとした（一九九七年一〇月）。国も四年遅れてキャッチアップしたわけである。

しかし、各省庁の人事課の抵抗は驚くほど強く、担当者は説明のため電話に延々と縛りつけられた。また、健康保険関係、税務関係は旧姓使用を認めることに同意してもらえなかった。法律を変えないままで運用を変えるのは難しいのである。

このほか、通称使用の一環として、運転免許証に旧姓を併記する案（身分証明書がわりにも使える）も、かなり根回しをしたが、「なぜ法律も改正できない（すなわち国民のコンセンサスが得られていない）のに、率先して運転免許だけ改める必然性があるのか」という警察庁を説得することができなかった。確かに通称使用の拡大は現実的に見えて問題を先送りするもので、本来は民法で選択肢を認めるのがスジである。

また各種国家資格においても旧姓使用はまだまだ認められていない。しかし弁護士・司法書士、研究者、そして最近では税理士など内部の女性メンバーから不便を訴える強い声が起こった資格については、旧姓使用が認められるようになっている。

しかし国家公務員の職場での旧姓使用や運転免許証の例でもわかるように、民法をそのままにして通称使用を広げることについて、担当官庁の了解を得るのは大変難しく、一方で、通称使用を広げることは、選択的夫婦別氏制度反対派の趣旨に添うものだという推進派の批判もあり、その後通称使用拡大の大きな動きはない。

女子差別撤廃委員会の審議においても、家族関係の民法改正はどうして遅れているのか、別姓容認を推進すべしと言われたが、「まだコンセンサスが得られていない」と言うよりほかなかった。選択別氏の遅れは日本の社会の変化の遅さ、コンセンサスを得ることの難しさを象徴している。二〇〇三年一一月の衆議院総選挙の結果、選択的夫婦別氏法案提出に反対していた有力議員が落選したが、二〇〇四年五月時点でも自民党の意見は分かれたままである。

第5章　アフガニスタンの女性支援

1　アフガニスタン情勢

二〇〇一年九月一一日の国際社会におけるアメリカ同時多発テロを契機に国際社会の安全保障に関わる状況は大きく変貌し、日本の役割も変わるなかで、男女共同参画の視点から「アフガニスタンの女性支援に関する懇談会」で紛争地域の女性支援のあり方を検討した。

テロの直後からテロ実行犯たちの背後にあるオサマ・ヴィン・ラディンのアルカイーダとそれらをかくまうイスラム原理主義のタリバーンが実効支配するアフガニスタンに対するアメリカ及び多国籍軍の武力行使が行なわれ、タリバーン政府は崩壊した。二〇〇一年一二月二二日にはアフガニスタン暫定行政機構が成立し、二〇〇二年一月二一、二二日には東京でアフガニスタン復興支援国際会議が開催された。その会議のオープニング・スピーチにおいて、小泉総理は、日本が復興支援において二年内に二億五〇〇〇万ドルを下回らない額、五年間に五億ドルを供与すると表明するとともに、「女性の地位向上」を重点的に貢献すべき四分野の一つとして挙げた。アフガニスタンにおいては一九七九年以来二三年間にわたって戦乱状態が続き、なかでも女性がタリバーン政権の下、教育機会を奪われ、教員や医師のような専門職や家の外で仕事をすることからしめ出され、また寡婦や孤児難民としてきわめて困難な状況に置かれてきたことから、国際的関心も高かった。

その中で「アフガニスタンの女性支援に関する懇談会」が立ちあがり、タイミングを失わないうちに大特急で五月末に提言をまとめて発表できたのは、内閣府男女共同参画局として存在意義を示せる快挙であった。基本法の五つの理念の中に「国際的協調」が挙げられ、基本計画でも「男女共同参画の視点に立った国際協力が推進されなければならない」とされている。日本は国際協力や平和構築に当たって大きな役割を果たすことが期待されており、さらに従来のようにお金を出すだけでなく、顔の見える援助を行なわなければならない段階にきているとされる。しかし具体的に何をどうすればよいか、効果的な関与への手法は見えないのが実情である。アフガニスタンへの支援を契機に、女性という新たな視点から国際協力のあり方を集中的に議論できたのは、日本の経済協力の歴史の上でも意義があった。

しかし、こうした新しいプロジェクトを手がける時はいつも、私たちにそれだけの力があるのかという不安と闘いながらのスタートとなる。法律で具体的に規定されている任務でもなく、政治的なバックアップも未知。何よりも自分たちにその分野の知識・経験・識見が十分ではない。

2　懇談会のスタート

官房長官の指示の下、長官の私的諮問機関という位置づけで、男女共同参画会議議員の原ひろ子氏を会長に懇談会がスタートできることになった。また外務省からは権限外のことをするなと反対されることもなく、中東アフリカ局をはじめ全面的な協力をしてもらった。ちょうど田中真紀子外務大臣から川口順子外務大臣に代わる時期で、通常ならまず協力が得られない忙しい時期だったが、「官房長官の私的諮問機関」という位置づけが幸いしたのかもしれない。

また原会長はじめ委員をお願いした有識者の方々も、意気に感じて快く引き受けてくださった。一九八八年からＵＮＩＣＥＦの保健栄養専門官を経験され、アフガンおよびアフガン難民キャンプで医療協力の経験の深い専門家の喜多悦子氏に加わっていただき、男女共同参画会議議員の岩男壽美子氏、国連婦人の地位委員会日本代表の目黒依子氏、国際開発協力の専門家である田中由美子氏、国際医療専門家の青山温子氏（名大教授）、また唯一の男性として内海成治氏（大阪大学教授）という教育援助の専門家などの参加を得て、強力な懇談会ができた。局も国際担当は差別撤廃委員会の報告書関係事務で余力がなかったので、総括係が担当した。

二〇〇二年三月一一～一八日には官邸アフガニスタン復興支援調査ミッション（団長岡本行夫内閣補佐官）に原会長、喜多委員が寝袋持参の探検隊のような装備で参加し、カブール地区、ジャララバード地区及びヘラート地区を訪問した。四月には青山委員、内海委員がＪＩＣＡ第二次アフガニスタン支援調査団に参加し、現場からのナマの情報がもたらされた。喜多委員がくり返し、「アフガニスタンでは日本の常識は通じない。戦国大名が割拠している戦国時代と思え」と強調されていたのが印象的だった。その後も田中委員など多くの委員がいろいろなプロジェクトに参加し、アフガニスタンを訪れた。女性課題省大臣、副大臣あるいは多くの専門家の来日と日本の専門家の訪問など日本とアフガニスタンとの交流は続いている。

懇談会の提言

懇談会の提言はこうした現地の状況、外務省、国際協力事業団、NGOなどの取り組みを聞きながらまとめられた。

懇談会の報告は、女性／ジェンダーの視点から行なう日本の今後のあり方の支援テキストにしようという意気込みで網羅的、体系的なものとなった。「政治・制度的枠組み」「教育」「保健医療」「産業・職業」「基礎インフラ」「平和・安全」の六つの重点支援分野を想定し、それぞれの分野ごとに、緊急（二〇〇二年六月のロヤ・ジェルガ開催まで）、短期（二〇〇二年六月のロヤ・ジェルガ開催後一八〜二四ヵ月）、中長期（短期支援期間終了以降）の三期にわけて何をなすべきか提言している。

ロヤ・ジェルガが迫っている時期にあえて「緊急」の分野を入れたのは、今後、アフガニスタン以外の国・地域でこうした紛争後の協力という事態がおこった場合のマニュアルとして備えたいと委員の方々が考えたからである。アフガニスタン以前に日本が関わったカンボジア、東ティモールなどでもこうしたジェンダー／女性の視点で取り組めたらよかったのにという委員の思いがこもっている。

提言のまとめの段階では原会長が局に泊まりこむこともあり、田中由美子委員、目黒依子委員も多大の時間とエネルギーをさいてくださった。提言の構成のうち、メインは「Ⅳ 我が国のアフガニスタン女性支援の在り方について」である。六つの支援分野ごとに「基本的考え方」「支援策の方向性」及び「具体的支援策」が挙げられている。また、具体的支援策に関する提案の詳細、時機（タイミング）、協力対象などもあげられている。たとえば、「教育」の分野では、成人女性の識字教育、女性教員の宿舎・通勤手段の確保、女性教員の養成・再訓練など、きめ細かな提言が行なわれている。

このような「教育」や「保健医療」などの分野における協力に当たって女性の視点に配慮する必要性は理解しやすい。しかし「産業・職業」や「基礎インフラ」「平和・安全」といった分野で（しかも今までの国際協力はこの分野の比重が大きく金額も大きかった）、女性に配慮するといってもピンとこない人が大部分である。それだけに女性の視点への配慮なしに多くの開発援助や復興支援が行なわれてきたのだろう。

たとえば、「産業・経済」の分野では女性の経済力をつける支援が必要である。大規模農地でなくまず菜園など身近な農林畜産業を復興し、女性の収入や食料を確保し、流通などで女性の起業を支援する。また女性に職業訓練を行ない、手工業・縫製技術や事務の能力を身につける、というように具体化されるとイメージがわいてくる。経済協力の現場は理論でなく実践が必要になる。

「基礎インフラ」については、産業基盤だけでなく「安全な水」の確保など生活基盤の整備を重視し、メディア・通信網の整備に当たって女性による利用が可能となるよう女性技術者の養成に配慮する。また公共交通計画の策定にあたって、女性課題省、女性リーダー、NGOなどの意見を聞く。通勤交通機関には女性専用席・車両を確保するなどの指摘があった。どの分野においても女性たち自身が企画・計画から遂行までの各段階にきちんと参画することの重要性が繰り返し強調されている。

私にとって印象的だったのは、報告書を政府内の要所要所に説明して回った際に、ある高官にひやかされたことだった。報告書の結びの中で私が特に重要だと思って書きこんだ「日本国民が長い不況と厳しい財政の中から拠出する貴重な資金が一円なりと無駄に使われることなく、真にアフガニスタンの人々、特に女性たちの役に立つよう有効かつ公正に活用されることを望んでいる」との部分に「実に女性的な発想ですなあ」と言われた。妥協して「一円なりとも」は削ったが、私も自分はいわゆる「女らしさ」の少ない公務員だと思っていたが、自分ではあたりまえと考えていた「無駄づかいをしない」主張を批判されるのは驚きだった。

提言後の動き

この支援策についての報告書を官房長官に提出した後、JICAから女性の専門調査員がカブールに派遣され女性課題省のアドバイザーとして活躍している。また「草の根無償」資金をつかって、大仏が破壊されたバーミヤンで女性センターの建設が行なわれ、二〇〇三年七月に完成した。またお茶の水女子大学など五大学がコンソーシアムを作り、女性教員を受け入れ研修を行なうプロジェクトがスタートした。

女性課題省大臣ソアラ・ハビバ大臣が二〇〇二年九月に、副大臣が翌年一月に来日され、それぞれ懇談会のメンバーと意見交換した。また岩男委員、目黒委員がアフガニスタンを訪問した。二〇〇三年三月の国連女性の地位委員会でアフガニスタンについて議論された際にも、日本はこうした取り組みについて紹介し、実質的な議論に貢献することができた。

世界の関心を集めたアフガニスタンも、その後イラク戦争が起こり、日本においても北朝鮮問題の中で、関心は薄れつつある。アフガニスタンを再び「忘れられた国」にしないためには、日本も持続的な関心をもちつづけ、長い視点で人づくり、社会づくりを助けていくことが必要である。武力を使わないで日本が国際社会で尊敬されるためには、目に見える形での開発援助、復興支援が必要である。こうした援助に関わるノウハウや人材の蓄積は今後日本が国際社会で生きていく上で貴重なそして不可欠の財産となる。

第6章　社会制度の影響調査

1　影響調査専門調査会

男女共同参画会議が発足してまもなく、二〇〇一年四月影響調査専門調査会が設置された。男女共同参画社会基本法の第四条は「社会における制度又は慣行が男女の社会における活動の選択に対して及ぼす影響をできる限り中立なものとするように配慮しなければならない」としている。この条文にそって策定された政府の男女共同参画基本計画では、「税制、社会保障制度、賃金制度等、女性の就業を始めとするライフスタイルの選択に大きなかかわりを持つ諸制度・慣行について、様々な世帯形態間の公平性や諸外国の動向等にも配慮しつつ、個人のライフスタイルの選択に対する中立性等の観点から総合的に検討する」を二〇〇五年度までの具体的施策として挙げている。

この専門調査会では、前々から課題とされていた税制・社会保障制度を中心に検討しようという心づもりで、委員にもその分野の若手の研究者を中心に社会保障制度、税制などに詳しい方に加わっていただけるよう、人選を急いだ。この際、働く女性ばかりでなく専業主婦の意見も聞くべきだという意向が官邸や自民党から出されたので、委員のうち一人を一般から公募し、論文審査と面接を経て、浦和市（当時）在住の主婦高尾まゆみ氏に加わってもらった。会長は二〇〇〇年一二月に男女共同参画影響調査研究会の座長として報告書をまとめていただいた大澤眞理東京大学教授である。

調査会の目的は、女性の生き方に大きな影響を与える法律、制度、慣行などが「中立的」に機能しているかどうか、いずれか一方の性あるいは生き方に有利・不利に働いていないかどうかである。特に、税制と社会保障制度については、配偶者特別控除、社会保険の第三号被保険者などは「男性が稼ぎ、女性は家事・育児」という固定的性別役割分担を反映したものであり、これを助長する制度だという批判が高かった。また政府税調や、厚生労働省で二〇〇六年の年金改正に向けてこれらの制度が検討されているので、時期を失しないうちに男女共同参画の立場から提言すべきであると考え、まず、税、社会保障制度についての検討を先行することとした。

また、国の制度だけでなく、企業の福利厚生の制度も同様に固定的性別役割分担を前提・助長しているのではないかという問題意識から、日本リサーチセンターに委託して、上場企業三四六六社に対して郵送でアンケート調査を実施した。専門調査会の下に二つの小委員会を置いて、それぞれ影響調査全般のあり方の検討と、企業調査の検討を行なった。

影響調査専門調査会での作業から一般化できる影響調査の流れについての含意

制度：慣行→影響アプローチ

ex post 型（政策見直し型）［ex ante 型（新規政策検討型）もこの応用として考えられる］

影響調査の流れ 具体的な調査内容	事例：配偶者に係る税控除の場合
①検討対象とする制度・慣行がどのような選択肢に関わっているか明らかにする。	年収103万円を境に、その配偶者の所得課税に配偶者控除が適用されなくなることから、二つの選択肢がある。 ①年収が103万円以下になるように働く。 ②年収が103万円を超えて働く。
②意識調査や選好度調査等を通じて各選択肢への国民の選好度を把握する。	20代後半から30代前半の女性で就業を希望する者は多く、潜在的な労働力率は高い。また、子育てなど後の再就業の場合パートタイムを選ぶ場合が多いが、その理由には「正社員として働ける会社がない」の割合が増加している。
③どの選択肢が実際に選択されているかを調査し、前記の選好度との乖離等を見る。	意識調査から女性が年収などについて何らかの就業調整を行っている理由として、「103万円を超えると税金を支払わなければならないから」「一定額を超えると配偶者の税制上の配偶者控除がなくなり配偶者特別控除が少なくなるから」を挙げている。またパートタイム労働者の収入分布をみると年収90万～100万円以下が一番高い。
④各選択肢が所得等の面でどのような違いをもたらすかを適切な指標等により明らかにする。	それぞれの選択肢について世帯でみた納税額、生涯可処分所得を計算する。年収103万円を超えないように調整した場合、実際に控除が適用され減額された税額は112万円程度。一方、生涯可処分所得は女性が退職後パートタイム勤務の場合は、女性が継続して勤務した場合と比べ、１億円以上減少する。
⑤環境条件が変化した場合等の再選択の難易度等を検討する。	配偶者と離別（死亡や離婚）し再就業の必要がある際、103万円以下から103万円以上に年収を増やすためには、パートタイム労働であれば就業時間を長くし賃金を上げることが考えられるが、一番多い時間給1000円の水準で一般労働者並みに年1800時間働いても年収は180万円にしかならない。家事・育児との両立や課税が開始されることを考慮するとパートタイム労働で年収103万円以上にする選択は生計を楽にするとは言い切れない。パートタイムと正社員との賃金格差が再選択を難しくしている。一方正社員になることは年齢制限等があり難しい。
⑥自由な選択を可能とする上で改善が必要と認められる時には中立性確保のため制度・慣行を見直す。	配偶者控除・配偶者特別控除は、国民の負担に与える影響を調整するよう配慮しつつ、縮小・廃止。

1 「『ライフスタイルの選択と税制・社会保障制度・雇用システム』に関する報告」 男女共同参画会議 影響調査専門調査会 2002年12月を参照。

女性の生涯の可処分所得について（推計）

（単位：円）

	継続勤務	退職後再就職	退職後パート	退職後無業
賃金	216,721,000	183,155,616	62,600,000	24,777,000
社会保険料	29,054,196	25,298,236	7,547,106	4,595,118
所得税＋住民税	15,031,046	11,521,627	1,556,193	1,066,135
年金受給額	38,458,850	35,355,559	28,055,331	27,457,138
生涯可処分所得	211,094,608	182,309,637	82,170,358	47,191,210
退職金	20,580,000	13,330,000	890,000	890,000

影響調査専門委員会資料

2　税・年金制度の現状

専門調査会では、まず現状把握を試みた。「男は仕事、女は家庭」という高度経済成長時代には多数を占めていた世帯が、今や少数派となり、共働き世帯が増えてきている。しかし子育て後再就職する女性の七割近くがパートタイム入職であり、賃金水準も低い。その中で注目されるのはこうした既婚の非正規社員として働く女性たちの間で、年収を一〇三万円以下（それより少数だが、一三〇万円以下の場合もある）に抑えようとする就業調整が行なわれていることである。

委員の神野直彦氏が強調されていたとおり、わが国の所得税制は個人単位だが、世帯への過大な配慮が行なわれている。すなわち所得が給与所得控除（最低六五万円）と基礎控除（三八万円）の計一〇三万円以下ならば自分が所得税を払わないですむだけでなく、配偶者（夫）も配偶者特別控除を受けられる。一〇三万円を超えても直ちに逆転現象が起こらないように微調整が行なわれているが、パートタイム労働者の年収分布をみると、いわゆる「一〇三万円の壁」

を意識して、年収九〇万〜一〇〇万円に集中している。

こうした配偶者特別控除は従来、女性労働への「優遇策」とされ、限度額が徐々に引き上げられてきた。しかし結果的にはパートタイム労働者の賃金をその限度内に抑える役割を果たしてきており、また現実には主としてパートタイムの妻自身ではなく夫への優遇措置となっている。いかにも女性を優遇しているようにみせかけているこの制度が、実は女性がまともな収入をもつ自立した勤労者になることを妨げているのだという事実を、客観的に示す必要があった。

また企業アンケート調査によれば、全体の八割以上が家族手当を支給しており、その約六割が配偶者の収入が一定以下であることを支給条件としている。そのうち八割近くが一〇三万円以下を要件としており、一三〇万円とする企業も一割を超えている。家族手当の平均月額は約一万四五〇〇円である。住宅手当・社宅制度も約七割が採用しており、世帯主であることを支給条件としている。退職金制度も九割近い企業が有しているが、一定以上の勤続年数（平均一四年程度）を必要としているので、早期退職する女性は恩恵を受けられない。いずれも世帯主、配偶者の収入一定以下などの条件が付せられていると、女性がこうした福利厚生の恩恵を受けることはほとんどない。暗黙のうちに男性世帯主が受給者として想定されており、税制・社会保障制度と相まって女性は年収一〇三万円、一三〇万円以下にとどめた方がトクと意識させている。

専門調査会の報告では、就業、結婚、子育て、再就業、引退、配偶者の死亡という生涯の各段階ごとに雇用、処遇、休業制度、そして税制、社会保障制度の現状等をみて問題点を整理した上で提言している。その中で注目してほしいのは、生涯に得る可処分所得を推計したデータである。学歴、職種別、企業規模別など細かいことを言い出せばきりがないので典型的なケースに限定しているが、①継続勤務の生涯可処分所得は二億一一〇〇万円、②「退職後正社員として再就職」は一億八二〇〇万円、③退職後パートの場合は八二〇〇万円、④退職後無業の場合は四七〇〇万円となっている。現実には退職後正社員として再就職する女性はきわめて少なく、選択肢としては実質的に存在しない。多くがパートタイムあるいは無職となるので生涯賃金の差（一億二八〇〇万円）は大きい。

一方、年金受給額はこれほど大差はなく、自ら保険金を納付しても、三号被保険者とほとんど差はない。世帯合計の生涯可処分所得も、女性の賃金格差が反映している。強調したかったのは、税制上の配偶者控除や特別控除を受けるため、就業調整を行なっても、実際に控除が適用されて減額された税額は生涯を通じて一一二万円に過ぎないことである。「小さな節約、大きな損失」とでも言おうか。一〇三万円以内におさえ税金をかからなくする結果、大きい所得を失っている。

3　世帯単位から個人単位へ

こうした現状分析から導きだされたのが、次の政策提言である。

「制度や慣行が男女の社会における活動の選択に及ぼす影響をできる限り中立なものとするように配慮すべきであり、従来の制度・慣行が個人のライフスタイル（特に女性の就業）の選択に中立的に機能しなくなっている面もあることから、世帯単位（過度の世帯配慮）から個人単位へ、必要に応じて見直しを行なうことを求める」。同時に「子どもを産み育てることにやさしい社会」をめざし、改革により少子化が促進されないよう、改革とセットで子育て支援策が必要とされている。具体的な改革の方向としては、税制については配偶者控除、配偶者特別控除制度を「縮小又は廃止により、世帯配慮をなくすべきである」と提言している。同時に「そのメリットを受ける国民が多数に上る」ので、「その見直しについては、その変更による国民の負担に与える影響を調整するよう配慮することが、大多数の国民に受け入れられるための条件であろう」と留保している。そしてその配慮の例として、基礎控除の拡大等を挙げている。

したがってこの報告では、一方的に配偶者控除をなくすことだけを求めたわけではない。しかし政府税制調査会の石弘光会長には、「今まで税調には減税要求ばかりが寄せられたのに、はじめて増税要求が出てきた」と感激され、一部のマスコミも「サラリーマン増税」として伝えた。「負担に与える影響を調整」という間接的な表現ではなく、「増税にならないように基礎控除に振り替える」と端的に提言した方がわかりやすかったのではないかと、今さらのように反省している。一方で男女共同参画社会というのは、女性にとって「共に責任を分担する社会」という厳しい面を持つことを明らかにした。名目的な自立より現実に負担が軽いほうがトクという意見もあり、女性の中でも意見は分かれている。しかし私は目先の「ソン」より長期的な「トク」をめざすべきと信じている。問題は女性が年収三〇〇万、四〇〇万稼げる仕事や職業が少ないことである。

社会保障制度については、個人単位の国民年金・基礎年金と、世帯単位の被用者年金が混在していることが問題を複雑にしている。

世帯単位の被用者年金制度や、三号被保険者制度・遺族年金のような世帯配慮を完全になくすのは、女性の所得が低い（ない）という現状からは、貧しい高齢女性の増大をもたらすおそれが大きい。したがって、この報告で最も妥当な案として提案されているのは、一つは所得分割であり、もう一つは厚生年金の適用拡大である。

所得分割制度は夫と妻の収入を合算した上で分割するものである。年金の分割割合は二分の一に限定せず、夫婦間で合意すれば基本的にどのような比率としてもよいと想定する。こうすれば、妻が自分の年金でなく遺族年金を選択することによる現在の「掛け捨て」問題はかなり解決すると思われる。三号被保険者も名義上は自分の名前で払いこんでいることになる。

離婚時の年金分割も必要なくなる（過去の納付記録分を遡って分割することは認めない）。もちろん所得分割は離婚を前提としたものではなく、むしろ婚姻を継続して夫婦の協力（有償・無償をとわず）によって保険料を納入しようとするものであって、離婚を想定し準備するものではないが、離婚しても自分名義の年金（基礎年金＋報酬比例）が確保できる。所得分割するかどうかは、既に導入されているスウェーデンやドイツでも、それぞれの夫婦の選択制となっている。しかし、二〇〇四年の年金改正では離婚時の分割だけ実現するにとどまっており、抜本的見直しは先送りされた。

このほか、保険制度の中立性については、以下のとおりである。

①若年遺族配偶者に対する明らかな男女差

たとえば死別後残された妻はどれだけ若かろうが、どれだけ収入があろうが死ぬまで遺族年金が受給できるが、残された夫が遺族金を受けとるには、五〇歳以上年収三〇〇万円以下という制限がある。

②再婚すれば遺族年金受給資格がなくなる

これによって若年死別妻の再婚は抑制されている（再婚すると遺族年金がもらえなくなるので、事実婚を選択するとか、再婚を断念するとかの事例が生じている）。

③遺族年金を婚姻期間等により調整

現在は、長年連れ添った糟糠の妻が亡くなり、あるいは離婚して再婚した場合、後の妻（現在の妻）は婚姻期間がどんなに短くとも、満額の遺族年金を受給することができ、前の妻は一円も受給できない。

現在年金制度については財政的な観点から議論されることが多いが、就業や結婚、再婚への中立性というライフスタイルへの対処という観点も加えて議論されることが必要であり、それが結果的に年金財政の安定（公平感、少子化対策）にもつながる。

雇用保険は個人単位で設計されているので、ライフスタイルの選択という点からは問題は少ない。そのため専門調査会ではあまり議論されなかった。しかし、パートタイマーなど年収一三〇万円以下の雇用者は、雇用が安定していないので、失業保険、職業訓練等の必要性は高いのに雇用保険に加入していないのは問題である。厚生年金保険だけでなく、雇用保険もパートへの拡大を真剣に考えるべきではなかろうか。

課題は短時間労働者への社会保障の適用拡大をさらに進めることである。

4　企業の世帯配慮など

この専門調査会では、上場企業に対して郵送調査を実施し、家族手当、住宅手当、社宅、退職金制度等について実態を調べた。その結果、日本の大企業のこうした制度は世帯単位に基づいており、選択の中立性を歪めていることが明らかとなっている。大企業社員は、妻子を扶養する男性所帯主と想定されているが、企業の雇用者も共働き、単身者など多様化しさまざまなニーズを持つようになり、こうした制度は実情に添わないものとなっている。

今後、日本の雇用処遇が総じて世帯配慮を含む年功制から能力主義、業績主義が主流になるなかで、家族手当、社宅なども縮小・廃止されていかざるをえない。

5　雇用システムの見直し

このように、税、社会保障制度について検討していくと、問題の根本は女性の所得が低いことにあることがわかる。女性の所得が低いので個人単位にすると貧しい高齢女性が多くなるので三号被保険者の制度が必要になる。配偶者控除も女性の所得をその枠内に抑える作用をする。

男女共同参画の観点からは、長期継続雇用とこれに由来する年功処遇が事実上女性を排除してきたので、女性が低賃金の非正社員として働かざるをえないことが一番の問題である。今後、男女とも継続型の働き方志向ばかりではなるにしても、女性の人生の選択肢を増やすために、継続就業できるよう職場環境、社会環境を整える必要がある。

一方就業形態が多様化し、非正社員もパート、アルバイト、派遣、契約、嘱託と分かれて条件が異なる上に、正規社員の中でも総合、一般、専門と分かれ、パートも基幹型と補完型など細分化している。企業の側では、業務委託、アウトソーシングが増え、働く側もＳＯＨＯ、テレワークなど労働形態も多様化している。

しかし多様な労働形態の多くは正社員より労働条件が悪すぎるので、実質的に多様な選択肢を働く側に提供したわけではない。選択の余地がない労働形態の多様化が働く側や生活者にとってもメリットがあるように、働き方によって不利益を受けない均衡処遇のあり方を真剣に考える時がきている。

この専門調査会は二〇〇三年以降、雇用システムを中心に検討を行なっている。その結論が出される前ではあるが、以下将来の雇用のあり方について私の考えを述べたいと思う。

6　今後の働き方

今後日本の労働力人口が減少していくなかで、女性も含め各人がその能力、適性を十二分に発揮していかなければならない。女性が家庭・育児と仕事が両立できる環境を整備するのは基礎的インフラとして不可欠である。言うまでもなく男性も育児・家事・介護等を分担（一時期主夫として全部担うこともありうる）する。

その上で、それぞれの勤労者の貢献に応じて報酬を決定する。個別に評価し、報酬を決定するのは困難な場合、企業の側からいろいろな選択肢を提供し、多数の選択肢の中から選ぶということになろう。たとえば、ゆるやかな年功型安定コース、専門職コース、高リスク高リターンの利潤配分・年俸型コース、短時間勤務コース、出来高払いコースなど、身分の差ではなくリスクや貢献によって合理的に選ぶ。そして一人一人の雇用者もライフステージに応じ、育児期は短時間コース、体力・気力あふれている時期は高リスクの年俸コースというように転換できるのが望ましいのではなかろうか。もちろん、生涯学習のため就業を中断することもありうる。

その際、現在の大企業正社員や公務員のように年功による上昇カーブが急すぎて、中年以降仕事と報酬の差が大きくなりすぎるとか、パート・アルバイトが働きに比して安すぎる報酬に甘んじ、正社員に移れないという状況を厳しくチェックすべきである。もちろん、性による差別は許されない。男女共同参画は働きたくない人を働くよう強制するものではないし、育児・介護などの重要な活動は評価しなければならない。しかし現在の若い世代が結婚して一人か二人の子どもを育てた後も一生専業主婦というライフスタイルを選択するのは、現実に不可能になるだろう。男性も女性も自分で生きていく最低限の収入を得た上で、お互いを支え合い補い合って家庭を持つという社会になるべきだと思う。

7 広義の影響調査

専門調査会においてはこのように税、社会保障、雇用システムを中心に検討している。
これとは別に、一見、男女共同参画、男女平等や女性の地位向上とは関係がない目的、手段を持つ施策であるが、結果的に大きな影響を及ぼす施策（広義の男女共同参画関連施策）についても検討する必要があるとされている。これについて局が発足する前の一九九九年一二月から「男女共同参画影響調査研究会」が開催され、二〇〇〇年一二月に報告をまとめた。この要旨は以下のとおりである。

女性と男性の間では現実に置かれている状況、役割、実際的なニーズ等が異なり、したがって施策から受ける影響も異なり得るので、男女別の施策効果、影響を考える影響調査を行なうべきである。これによって、予算や人員をより効率的に使うことができ、また施策を男女共同参画の観点から分析することにより、政策プロセスの透明性が向上し、国民の選択の幅が拡がり、当該世論の支持を得やすくなるというメリットがある。

一九九五年に北京で開催された第四回世界女性会議で採択された「行動綱領」でも、あらゆる政策や施策において、立案段階から女性と男性それぞれに対する効果を分析することなどを通じ、男女平等の視点を施策に反映させる必要があるとして、「ジェンダー主流化」（メインストリーミング）という考え方が強調された。

影響調査の進め方については、次のように整理される。まず対象となる施策は、①政府の重点施策、②性別による偏りが大きいと予想される施策、③資源投入量が多い施策が想定される。

調査の基本的な考え方としては、①女性・男性双方の実際的なニーズを満たすように努める、②女性・男性のいずれかが施策の便益から排除されないようにする、③施策の企画・立案、また事後において施策の対象となる女性、男性双方の意見を聴くようにする、④施策の企画・立案、実施において女性、男性双方が参加する。

影響調査を行なうタイミングは、施策によって、①企画・立案段階（事前）、②執行段階（進行中）、③施策実施後ある程度時間を経た後（事後）が考えられる。

例えばアフガニスタンの女性支援策は①企画・立案段階（事前）のものであり、監視では②の現在進行している施策をとりあげている。しかし、現実には影響調査の主体、手法等についてまだまだ検討すべき余地は大きい。

確かに男女共同参画会議、男女共同参画局の現有勢力だけで「あらゆる分野の施策についてジェンダーの視点から分析する」のは困難である。何より必要なのは、その施策を担当する省庁・部局の自発的、積極的な男女共同参画の視点でそれぞれの行政をチェックすることである。しかし、予算査定、定員査定といった権限をもつ財務省主計局、総務省行政管理局とは異なり、強制する権限を持たない男女共同参画局にとって相手に自発的に協力をしてもらわねばならない。そのための説得材料としてまだまだ事例が必要である。

現在は、個別の防災計画の策定、国際開発協力の分野などで関係者の協力を得ながらケース・スタディを積み上げている。今後とも手法の確立に向けての取り組みを行なっていくこととなるだろう。

（専門調査会を助けるために局に置かれた影響調査専門調査事例研究ワーキングチームでは、各府省や地方公共団体の事例を調査するとともに、影響調査の概念を整理している。その中間報告によれば、影響調査は、男女共同参画社会の形成に及ぼす施策の効果（アウトカム）及び波及効果（副次的効果）あるいは意図しない効果を調査し、男女共同参画の視点から施策の改善すべき点を明らかにすることを趣旨としている。これを行なうことにより、施策の必要性、効率性、有効性、公平性等がチェックできるので、施策の質が向上する。影響調査と近い概念として政策評価がある。政策評価は、政策・施策の効果（アウトカム）等について調査分析し、必要性、効率性、有効性等の観点から客観的に判断して、施策の立案・企画、実施を的確に行なう情報を提供することを目的とする。最近政策評価が流行し、各府省は内部に政策評価官を設置して取り組んでいる。政策評価において、効果を測定する尺度は、たとえばコスト、たとえば便益の広がりなど多様広範だが男女共同参画影響調査では、男女共同参画の推進という一点に絞って調査する。）

影響調査の手法例としては、第一段階として、①調査で女性と男性のそれぞれの役割や状況、女性と男性が実際的に必要としている事柄を調査、把握する（具体的に性別データが必要）、②女性と男性に対する施策の効果（アウトカム）及び波及効果（副次的効果）あるいは意図しない効果を検討する。第二段階が分析・評価であり、③施策によって男女が享受できる便益に格差がある場合、男女が等しく便益を享受できるように施策の改善されるべき点を明らかにする。

8　海外の取り組み

こうした影響調査は、海外におけるジェンダー影響調査（Gender Impact Assessment）、ジェンダーに基づく分析（Gender based Analysis）などと呼ばれるものとほぼ重なる概念であり、参考となる事例が少なくない。そのいくつかを紹介しよう。

カナダ

カナダ女性の地位省によるジェンダーに基づく分析は、ジェンダーの視点を施策分析及び策定過程に組み込むことを目的としている。

政策・企画過程を八つの段階ごとに質問形式で考慮すべき点をまとめて各施策をチェックするよう求めている。

例えば第一段階では、①課題を明確にする、②現在女性と男性が行政サービスを等しく享受しているか否か把握する。第五段階では、①施策の選択肢について分析と施策の策定を行なう、②各選択肢がどのように女性と男性に影響するか検討する、各選択肢が差別の解消や平等の促進に寄与するかどうか、等々である。

スウェーデン

男女共同参画省（Ministry for Gender Equality Affairs）が男女共同参画を推進するに当たってまとめた手法に3R法とGERACがある。

3R法（3R method）とはRepresentation（参画）、資源（Resource）、現状（Realia）の三つの観点から、女性と男性に与える施策の影響の程度を分析するものである。

「参画」では、組織の各レベルにおける男女の人数等を把握し、決定過程においてジェンダーがどのような形であらわれているか把握する。

「資源」の観点からは予算、スペース、時間などの資源が男女にどのように分配されているかを把握する。たとえば金融機関の男女別融資額、車（住居）のセールスマンが女性客、男性客に割く時間の比較などである。

「現状」の観点では、参画や資源の分配から男女の影響力や規範などを把握する。

GERAC（Gender Equality Review, Analysis, Conclusions）では、五項目についてジェンダーの視点から調査分析する。ア　施策の対象者の明確化、イ　男女で異なる状況・役割の把握、ウ　原因の明確化、エ　対応策の検討、オ　対応策の実行可能性の検討

イギリス

女性予算グループ（Women's Budget Group）で、経済政策を通して男女共同参画を促進することを目的としている。WBGは大臣、担当者と定期的に正式の会合を持ち、予算編成プロセスを含む

広範囲の経済政策におけるジェンダー主流化に関する課題について議論を行なう。またジェンダー予算、ジェンダー分析をする際にアドバイザーとして関与する。

第7章　苦情処理システム・監視のあり方

1　監視とは

立派な法律をつくり立派な計画を立てても、それがきちんと実行されているか、不都合なところはないか、監視（モニター）を行なわなければ絵にかいたモチで終わってしまう。また、状況の変化にともなうニーズの変化をくみとることも必要である。そのため、監視の機能が重要となってくる。

男女共同参画を推進する際に、北欧等ではオンブズマン（オンブズパースン、オンブッド）が大きな役割を果たしている。一八〇九年スウェーデンに生まれた「オンブズマン」をはじめとし、今日では欧米、ニュージーランドなどの諸国にも置かれている。これらの国々のオンブズマンは政府から独立し、高い権威をもつ。ノルウェーでは「議会オンブズ」「消費者オンブズ」「子どもオンブズ」などと並んで「男女平等オンブズ」などがある。北欧のオンブズマンは、個人、企業、団体などからさまざまな苦情を受けつける。誰でも容易にアクセスでき、裁判所より迅速、簡易に問題が処理され対応することをめざしている。

日本でも女性NGOから男女平等政策を監視するためのオンブズパーソンを制度化するよう提言されている。男女共同参画基本計画の前身である「男女共同参画二〇〇〇年プラン」でも「諸外国における活動実態、関連法制、我が国の導入可能性等に関する調査研究を行なう」とされた。各国制度についての調査も行なわれたが、日本で今設置するのは無理ということで、結論は先送りされている。

一九九九年の男女共同参画社会基本法では第一七条で「国は、苦情の処理のために必要な措置及び人権が侵害された場合における被害者の救済を図るために必要な措置を講じなければならない」とされている。また、男女共同参画会議の所掌事務として第二二条の四に「政府が実施する男女共同参画社会の形成の促進に関する施策の実施状況を監視し、」となっている。この苦情処理と施策の監視という両方の機能をもつ、苦情処理・監視専門調査会が二〇〇一年四月設置され、男女共同参画会議議員の古橋源六郎氏ほか一四名の委員が任命された。

監視といい、苦情処理といい、そうした機能は男女共同参画を推進していく上で重要だという総論にはみな賛成してこのような規定になったわけである。しかし、さて具体的にどのように進めていくかはまったく白紙である。ただ監視をするといっても、施策を実施する各省庁の協力が得られなければ効果はない。各省庁にとってはよけいなことまで文句をつけられ監視などされたくないのが本音だから、よけいな警戒感を抱かれないように、また客観的な監視が行なえるよう実施の基準を前もって明らかにしておかねばならない。

2 監視のルールづくり

専門調査会が四月一一日にスタートし苦情処理と監視の二つのテーマのうち、まず監視について実施方針を決めることとなった。いわば監視のルールづくりガイドラインづくりである。実施方針は約半年かけて検討し、一〇月三日の男女共同参画会議で決定された。

そのポイントとしては、第一にまず監視のメインターゲットは「男女共同参画基本計画」に盛り込まれた施策の実施状況である。関連ある施策として範囲を無限定に広げない。ただし、それ以外にも「仕事と子育ての両立支援策」など、閣議決定や新たに男女共同参画会議で決定したような施策についても監視を行なうこととした。その点、影響調査専門調査会がライフスタイルに影響のあるすべての施策を対象とするのと大きく異なり、範囲は明確である。

また、基本計画に盛り込まれた施策の中でも、府省庁統一的な、広く政府全体としての取り組みが求められている施策（国の審議会等委員への女性の参画の促進、女性国家公務員の採用・登用の促進、男女共同参画の視点に立った統計調査等の充実）を優先的に採り上げる。

第二は、毎年重点的に監視する施策を選定し、その施策について各省庁からヒアリングを行なうとしたことである。

監視されるのはどの省庁にとっても嬉しいことではないので、全体の毎年の実施状況や実施予算についての監視は、男女共同参画白書の第二部施策編や、毎年事務的に行なう予算調べを活用し、各省庁には新たな負担を課さないよう努めた。

二〇〇一年、二〇〇二年、二〇〇三年はそれぞれ監視のテーマ（後述）を男女共同参画会議で決定し実行した。どの省庁も対象の重点になるのは好まず、また府省統一的なテーマが影響も意義も大きいので公務員統計など統一的なものを先に採り上げることとなった。

まず監査は担当府省への書面調査からはじまる。しかし現実に各省庁に調査票を出しても期日までに正確に記されて返ってくることはまれで、督促につぐ督促でやっと提出されるというのが実情である。平成十三年度においては三テーマをなんとかこなしたが、十四年度は二テーマのうち統計情報のみで国際協力は次年度（十五年度）への継続となった。

少ない職員数で、積極的に協力しようという気があまりない省庁に対して、強制権なしに監視するのは正直なかなか困難である。

幸い会長の古橋源六郎氏が熱意をもって当たってくださったので、各省庁も協力した。氏は熱意だけでなく、各省庁の組織、仕事のやり方、予算などについての知識、見識をお持ちだったからこれだけのことができたといえる。

政府のみならず、企業や民間団体に対して「外部の目」で評価するのが最近の流行だが、それは言うは易く行なうは難しである。評価する側にどれだけ情報を出させる力、情報の質を見分ける眼力があるかが問われる。

平成十三年度においては「審議会等委員への女性の参画の促進」「女性国家公務員の採用・登用の促進」という全府省に関わる施策とともに、七月に閣議決定された「仕事と子育ての両立支援策」の三施策について重点的に監視を行なうことも併せて決定された。十四年度においては統計情報、いわゆるジェンダー統計と国際協力を採り上げることとなった。

3 平成十三年度の監視結果

重点的監視を行なった施策についての監視結果は次のとおりである。

国の審議会等委員への女性の参画の促進

国の審議会等委員への女性の参画の促進は、政府として唯一目標数値と達成期限を明らかにして取り組んでいる施策である。一九七七年に一〇年後一〇%という目標を掲げて以来六度にわたり目標を設定し、現在は平成十七年度末までのできるだけ早い時期に三〇%を達成することをめざしている。

特に二〇〇一年一月の中央省庁等改革にともない審議会が一九七から九八に、委員が三九八五人から一七一七人と大幅に減ったので動向が注目された。結果は職務指定の委員の数が減ったこともあって、二四・七%と再編前より増加した。

審議会の女性登用については当初から、①女性の学識経験者が少ない専門分野があること、②団体役職者、代表者、職務指定ポストに女性が少ないこと、などの制約が挙げられていた。しかし徐々に女性の人材の層が厚くなってきたこと、各省庁も、①専門分野に限定しないで広い分野から女性委員を登用する、②公募委員募集の際に女性を積極的に登用する、③民間団体の研究会等に女性の参加を増やし人材育成に努める、などの対応をとったことが相まって増大してきた。内閣府も一九九九年から女性人材データベースを構築している。その他、民生委員・児童委員（五二・二％）、人権擁護委員（三一・五％）、行政相談委員（三〇・五％）、保護司（二三・九％）などにおいても女性の委員の割合が高まっている。二〇〇三年九月末現在、二六・九％まで伸びているので、一七年度までの達成はほぼ確実である。

女性国家公務員の採用・登用の拡大

女性国家公務員の採用・登用の促進は、基本計画の中で、人事院に対して指針の策定が求められていたが、この指針は二〇〇一年五月に公表された。各府省はこの指針に基づき二〇〇一年末までに、それぞれ「女性職員の採用・登用拡大計画」を策定した。また公務員制度改革大綱（二〇〇一年一二月閣議決定）においても女性の採用・登用の拡大が盛り込まれている。

二〇〇〇年現在で、女性割合は全体で一七・一％だが、係員級の一～三級は二九・三％、係長級の四～六級で一四・九％、本省庁課長補佐級である七～八級で五・二％、本省庁課長級の九～十一級は一・四％となっており、上位の役職ほど低い。

採用者に占める割合も、Ⅲ種（三六・〇％）、Ⅱ種（二五・五％）、Ⅰ種（一五・八％）となっている。I種試験採用者は九〇年代から増加しているが、ここ二〜三年はほぼ横這いである。昭和四〇年代に採用された私の時代は、数年に一人という府省がほとんどだったが、ずいぶん増えている。試験合格者から採用されるが、I種については採用者比率が合格者比率をやや上回っており、II種、III種についてはやや下回っているが大きな差はない。女性の試験応募者、試験合格者を増やすことが、一番重要だといわれるゆえんである。

全府省三一機関における「女性職員の採用・登用拡大計画」を集め、一覧できるようにしたのも、この監視の大きな意義だった。しかし、その内容として、採用の拡大のための目標の設定については「増加に努める」というだけで具体的な目標を挙げない機関が九機関、逆に「〇%を上回るよう努める」と数値目標を挙げているのが六機関である。環境省はI、II、III種とも三〇%をめざすと明確な目標を掲げている。

そのほか、「過去五年間（三年間）の通算（平均）割合を上回るように努める」が六機関、「合格者に占める女性の割合を上回る（程度となる）よう努める」五機関となっている。登用については抽象的に「増加に努める」が一四機関、「登用に努める」が八機関、数値目標を明らかにしているのは法務省など五機関にすぎない。しかし、このように各府省、機関別の温度差が公表されたというのは、大きな刺激となったはずである。

専門調査会は今後の取り組みとして、現実に女性が勤続できるような環境の整備、たとえば育児休業・介護休暇制度が利用できるよう情報の提供を図ること、国会答弁作成など超過勤務を減らすこと、公正な人事評価、多様な登用ルートを認める複線型人事管理、ライン職を支援するスタッフ職の活用、中途採用、官民人事交流制度、任期付職員制度等の活用など公務員制度全般についての提言を行なっている。

日本の公務員は、試験採用、実力・能力による登用を原則としている。その中で女性の登用は、公正で明確なルールにそって行なわれるべきだし、それによって職場の風通しがよくなり、男性にとっても公正な職場となる。私は能力は変わらないので公正に偏見なく登用されれば、おのずと女性が増加していくと信じている。

仕事と子育ての両立支援策

仕事と子育ての両立支援策は、第2章で紹介したように局が初めて取り組んだ大仕事であり、小泉内閣の強い支持が得られて閣議決定まで行なわれたので、その実施状況をフォローした。平成十三年度においては各省庁で着実な施策が開始されていた。次年度以降も着実にその取り組みが期待されるところである。

4　情報の収集・整備提供

平成一四年度の監視は「情報の収集・整備提供」に関して行なわれた。

男女間の格差や差別の現状、及びその要因や影響を把握するための統計（いわゆる「ジェンダー統計」）の整備は、男女共同参画を進める上で不可欠である。国際的にも北京宣言・行動綱領・国際機関から発出された各種勧告等において「個人に関するすべての統計が、性及び年齢別に収集され、集計され、分析され、提供されて、社会における女性と男性に関する課題、争点及び問題点を反映するよう保障すること」(行動綱領)が強調されている。

日本の政府統計は世界で最も完備していると評価されており、総務省統計局および各省の統計部局が膨大な調査を行なっている。このほか民間でも政府を上回る数の調査が行なわれており個々の研究者の行なっているものも多い。これらの調査・統計のすべてをジェンダーの視点から監視することは不可能なので、監視の対象を政府が実施する統計のうち、ア指定統計(三三件)、イ承認統計(八五件)、ウ届出統計(三五件)、エ世論調査・意識調査(一九件)、オその他女性の状況の客観的把握や、学習・調査・研究に資するため、政府が収集・整備・提供する統計情報(一二五件)に絞った。それでも合計二九七件の統計調査について、ジェンダー統計への配慮(性別に区分・対比されているか、クロス集計が行なわれているか)、利用しやすさへの配慮が行なわれているか調査した。その結果、個人または世帯を対象とする調査統計ではおおむね性別が把握できるようになっているが、貯蓄・資産の名義人の性別等は把握されておらず、また事業所・企業を対象とする統計調査で性別が設けられていないもの、データ提供の段階で性別データが欠落しているものがあった。

無償労働の数量的把握もジェンダー統計の重要な柱だが、二〇〇一年一〇月の社会生活基本調査からより詳細に生活時間の配分や生活行動が把握できるような調査票が導入された。しかし、その貨幣評価については、無償労働の価格を「女性労働者賃金の平均値」で計算するか、「育児・介護・家事等の専門職の賃金」で計算するかによって大きく異なり、まだ意見の一致をみていない。

今後の方向としては、データ・リンケージを行なって調査結果を多面的に活用するとか、データ・アーカイブを作り個票の分析を可能とするようにという熱心な提案も行なわれた。統計には多額の費用、専門家の協力、そして対象者の協力を必要とする。しかし客観的に現状と問題を把握し、男女共同参画を推進していく上で大きな武器となるだけに大切に使っていきたいものである。

5　苦情処理システム

この専門調査会は、監視と別に男女共同参画行政への「苦情」をどう受けどう処理するかというシステムの構築と、人権が侵害された被害者の救済のあり方について検討し、二〇〇二年一〇月一七日「男女共同参画に関する施策についての苦情の処理及び人権侵害における被害者の救済に関するシステムの充実・強化について」意見を取りまとめた。

監視もそうだが、苦情処理も言葉を聞いても具体的なイメージが浮かばない。それだけ日本では行政＝公にモノ申すことが社会に根づいていないということだろう。「施策についての苦情」の例としては、基本計画に掲げられている具体的施策の実施状況が不十分である、あるいは現実に機能していないなどが苦情として考えられる。

また、形式的には男女平等となっていても、たとえば審議会の委員に、関係業界や地方公共団体等の団体役職者、代表を指定しているので、結果として女性を締めだしている例なども苦情になりうる。

たとえば社会保険事務所における子の扶養の認定において、妻が申請する場合のみ扶養事情証明書の提出を求めるとか、ボランティアの講習会や保健所の子育て講座を平日の昼だけに行なうなどということも十分苦情の対象となりうる。

このような男女共同参画社会の形成の促進に関する施策に国民が関心をもち、苦情を申し立てることは国民の側からの監視と見ることもできる。行政側としては、苦情をすぐに受け入れ改善することもあれば、多額の予算や制度の大規模な改正が必要ですぐにはできないこともある。また中には情報不足や誤解に基づいた妥当でない苦情もありうるが、現行制度・施策の考え方について説明し理解を求めていかなければならない。しかし苦情＝批判として嫌悪する傾向はまだ強い。

専門調査会の報告で強調されたのは、関係機関のネットワークである。多くの場合、国民はどこに苦情を持っていけばいいかわからない。まず、市町村単位に間口の広い相談窓口を設置する。その上で地方公共団体、各府省、総務省の行政相談制度に、事案を移す。また各機関の担当者が連携を深めることが必要である。

現在、地方公共団体で制定されている男女共同参画条例には、苦情処理の機関や窓口を規定しているものが多く、埼玉県のように独立した第三者機関を設置している県もある。

国の男女共同参画会議の役割としては、①苦情についての情報を定期的に把握するシステムの構築、②重要事項等についての調査・審議・意見、③苦情内容の施策への反映状況を注視するための体制整備、などが挙げられている。

行政相談委員

総務省は全国で約五〇〇〇人の行政相談委員を委嘱されているが「行政」の範囲はあまりにも広い。そのため、二〇〇三年九月に行政相談委員の中から約一二〇人を「男女共同参画担当委員」に指名し、男女共同参画に関する施策についての苦情の処理に中心的な役割を果たすこととなった。男女共同参画担当委員は男女共同参画に関する施策について、①情報の収集整理、②研修会の企画への参画、③行政相談懇談会についての必要な助言、④苦情処理について他の行政相談委員への必要な助言、⑤女性センター等における行政相談所の開設などの中から、地域の実情に応じて選択して活動を行なうこととされている。

行政相談委員制度はより専門化する必要があるといわれているが、男女共同参画をきっかけとしてその第一歩を踏み出した。内閣府も苦情処理に関する研修や情報提供のガイドブック、マニュアル等を作成している。

埼玉県苦情処理

ところで埼玉県の男女共学に関する苦情処理（二〇〇二年）については、大きな波紋がおきた。都道府県初の条例を制定した埼玉県は、独立した男女共同参画苦情処理委員を設置している。ここに対して「公立高校の男女共学を進める会」から苦情の申し立てが行なわれた。埼玉県の県立高校のうち伝統校として進学率の高い一二校が男女別学となっているのは、男女共同参画の趣旨に反するというものである。戦後旧制の中学と女学校が共学にされたが、東京以北の関東、東北地方の数県が別学を維持し、埼玉県でも浦和高校や浦和第一女子高校が残った。そうした伝統校は進学率も高く、地域の有力者あるいはその夫人を輩出している。

苦情を受けつけた委員は調査を行ない、事情聴取の上「男女共同参画の観点からは共学に」という意見を提出し、県教育委員会に対し平成一四年度中に検討結果を出すよう要請した。

それに対して、別学の県立高校OB・OGやPTA、現役の高校生も反対し、二七万人の署名が知事の元に届けられた。そして二〇〇三年三月県教育委員会も別学を存続すると決定した。反対している学生・OBは、共学になると、伝統校としての威信が失われる、進学率が低下すると主張していた（特に女子校の方で優秀な女子生徒が旧男子校に進学するのではないかと危惧する声が強かった）。

私立校の場合は別学・共学それぞれの方針によって行なわれており、親や生徒がどちらかを選択している。同様に公立にも選択の自由があってもよいという意見もあるが、国民の税金で設置・運営されている以上、男女平等・男女共学をめざすべきだろう。福島県、宮城県も将来は共学にする方針を打ち出している。しかし、別学を維持すべきであると考えている人々にも配慮し、時間をかけて話しあっていくのが現実的な方策である（二〇〇三年夏の知事選挙の際、私ははじめから支持者に、この問題は感情的な問題だから政策として打ち出さないと言明していたが、反対陣営は、私が知事になると共学を推進するとネガティブキャンペーンをはった）。

被害者救済

人権侵害された場合における被害者の救済については、裁判所を通じた司法的救済のほか、人権侵害一般に関して法務省の人権擁護機関（人権擁護委員）で相談・調査等が行なわれている。また厚生労働省の都道府県労働局では女性労働者と事業主との間の紛争に対応する。児童に関しては児童相談所というように事業によって個別法で規定されている。こうした各機関の連携の強化、なかでも人権擁護委員の活性化が大きな課題となっている。女子差別撤廃委員会でも包括的な女性の人権を守る法制を整備するよう求める意見があった。その包括的な人権保護法は、国会での成立が困難となっており、人権保護委員会など、法案の内容も含めて現在は先の予測はできない。人権を侵害された女性たちがもっと容易に相談し、たらい回しされることなく、きちんと専門的対応がされるよう、人権擁護委員の研修や情報提供に努める必要がある。

内閣府としても「相談の手引」などQ＆Aを盛り込んだ資料を作成している。

第8章　国内体制の整備と男女共同参画社会基本法

国連は女性問題に取り組む各国に国内体制、ナショナルマシーナリーの整備・強化を求めていた。日本では四半世紀をかけて前進し、私自身の公務員生活とその進みは重なっている。また、実情を知らないバックラッシュに対しても、この法律のスタンスについては説明しておかねばならない。

1　婦人問題から男女共同参画へ

男女共同参画社会基本法は、一九九九年六月一五日衆議院本会議で全会一致で採択され成立した。そこに至るまで、一九七五年の国際婦人年以来、婦人問題企画推進本部とその事務局である婦人問題担当室は、国内行動計画以来数次の計画を策定し、徐々にその機能を強化してきた。

序章で述べたとおり婦人問題担当室は法令に根拠がなく、閣議了解によって設置されたものである。内閣総理大臣官房審議室の婦人問題担当参事官をトップとする非公式の組織で、定員も一人、あとは各省庁からの出向（併任で給料も親元官庁から出される）だった。法令に基づく正式の組織にすべきだと、有識者、民間団体からしばしば提起されていた。しかし、労働省設置法第三条に「婦人行政の連絡調整」という一項が書き込まれていたこと、また戦後、労働省婦人少年局が婦人関係行政を担当してきた実績、森山真弓氏以下ＯＧや現役の女性人材の層の厚さが他の省庁を圧していたこと等で、総理府の婦人問題担当室を正式の機関とし、そこに婦人行政の総合調整機能を移すことは困難だった。私以前の歴代八人の婦人問題担当室長は全員労働省の課長経験者の出向である。

ところで〈男女共同参画〉という言葉は一九九一年年四月一〇日の婦人問題企画推進有識者会議の提言の中ではじめて使われた。それまで participation を「参加」と訳していたが、ここではナイロビ将来戦略の中で使われた full participation の訳を「共同参画」としている。提言は「男女共同参画型社会システムの形成」「変革と行動のための五年」と題して本部長に報告された。これを受けて本部は一九九一年五月三〇日、「西暦二〇〇〇年に向けての新国内行動計画（第一次改定）」を決定した。この中で、「共同参加」は「共同参画」へ改められたのである。この時、婦人問題担当室は本部省庁の担当課に事務連絡で「参加」を「参画」とし及び「婦人」を「女性」とするよう通知した。

2　担当大臣の指名

一九九二年一二月の宮澤内閣改造内閣で河野洋平内閣官房長官に「婦人問題を総合的に推進する

ため行政各部の所管する事務の調整を担当させる」旨の発令があり、初めて婦人問題担当大臣が置かれた。

一九九三年八月の細川護煕内閣では、その名称が「女性問題担当」に変わり、武村正義官房長官が任命された。その後一九九六年一一月の第二次橋本改造内閣では、梶山静六官房長官ではなく、武藤嘉文総務庁長官が女性問題担当に指名されたが、これを例外として、その後は官房長官が引き続き任命されている。

内閣官房長官は歴代内閣において総理大臣に近い強力・有能な政治家が任命されている。総理大臣を助ける内閣の要となるポストで、しばしば内閣の大番頭と呼ばれる。内閣機能の強化が求められるなかで、実務上の調整を行なう官房長官はきわめて多忙である。そのため時折、男女共同参画担当大臣を官房長官でなく別に専任の大臣を置けという声が出る。確かに官房長官は多忙なので国連特別総会、ＡＰＥＣ閣僚会議など国際会議への出席が困難だというマイナス面はある。しかし官房長官が男女共同参画担当を兼ねていることによるメリットは、デメリットを補って余りあるものがある。

官房長官の影響力は大きく、国家公務員への女性の登用など他の省庁に協力を求める際にそれが効果を発揮する。国連文書でもジェンダーを担当する部署は政府の周辺ではなく、中心に近いところに置くように強調されているのはそのためである。多忙な官房長官に、「男女共同参画」は重要課題であることを理解し、支援してもらうのは困難だが重要な担当者の仕事である。現実的な対応策としては内閣府に男女共同参画を専門に担当する副大臣を置くことだろうが、内閣府の副大臣の定員が三人とされているので、そのうちの一人を男女共同参画専門にするのは難しい。

一九九七年九月の第二次橋本改造内閣からは男女共同参画担当と名称が変わった。また二〇〇一年一月六日の中央省庁再編において、特命担当大臣である男女共同参画担当大臣が置かれ、現在に至っている。

政令室の設置

「西暦二〇〇〇年に向けての新国内行動計画」に基づき、「婦人問題企画推進本部機構に関する検討会」（赤松良子会長）が設置された（九一年八月）。同検討会は一九九三年五月「今後の婦人問題企画推進本部機構のあり方について」を報告した。推進本部は同年七月、①本部の改組（閣僚をメンバーとすること、各省庁に局長級の担当官を置くことなど）、②審議会等による国民の意見の取り入れ、③事務体制の整備、④地方公共団体におけるより積極的な施策の取り組みの要請、を内容とする「男女共同参画型社会づくりに向けての推進体制の整備について」を決定した。

これを受けて、労働省は設置法上の「女性行政の連絡調整」を担当し、総理府は「男女共同参画社会形成の促進に関する事務の連絡」「調査、企画、立案」を担当することで合意が成立した。この間労働省（当時は松原亘子女性局長）と総理府（大臣官房審議官高岡完治氏）はぎりぎりの折衝を行ない、ようやく私が非労働省出身ではじめて婦人問題担当室長に任じられて、男女共同参画室をめざすはこびとなった。

おりしも一九九三年八月、三八年間の自民党単独政権が終わり、細川内閣が成立し、続いて羽田内閣が成立した。

3　参画室の誕生

平成六年度予算の成立とともに総理府婦人問題担当室は「総理府本府組織令の一部を改正する政令（一九九四年六月二四日）に基づき内閣総理大臣官房男女共同参画室となった。また新たに、男女共同参画審議会もこの政令に基づいて設置された。労働省が「女性局女性政策課」等の組織を持っているのに、わけのわからない「男女共同参画」などという名前の室ができるのは、総理府が労働省に負けたのだという評もあった。

私はかねがね女性の地位を本当に向上させ、差別や抑圧をなくすには「女性行政」だけ推進していてもゆきづまる、女性は変わったけれど男性は変わっていない。男性も含めた社会システムを変えなければならないと思っていたので、「男女共同参画室」というネーミングは悪くないと思った。平等という言葉は憲法でもつかわれているのだが、「結果の平等」「まったく同じ」を連想して反対する人がいたことも「共同参画」という新しい言葉をうむ遠因だった。この政令の中で男女共同参画についてはじめて定義がされた。「男女が、社会の対等な構成員として、自らの意志によって社会のあらゆる分野における活動に参画する機会が確保され、もって男女が均等に政治的、経済的、社会的及び文化的利益を享受することができ、かつ共に責任を担うべき社会をいう」である。当初「男女が、その性により差別されることなく、自らの選択と責任に基づいて、共に社会のあらゆる分野における活動に主体的に取り組み、その能力を十分に発揮することができる社会をいう」としていたが、内閣法制局参事官（当時）門口正人氏の精緻な考察によってこうなった。新設審議会はすべて三年間の時限とされていたが、それから三年後、売春対策審議会を改組して恒久化することが視野に入っていた。

新審議会は会長に縫田曄子氏が就任されたが、なんとか基本法の制定を求める意見をこの審議会の最初の答申に出してほしいというのが私たち事務局の願いで、委員の人選もその方向でお願いした。

一九九四年八月村山富市内閣総理大臣は、新設の男女共同参画審議会に対して「男女が均等に政治的、経済的、社会的及び文化的利益を享受することができ、かつ共に責任を担うべき男女共同参画社会の形成に向けて二一世紀を展望した総合的ビジョン」について諮問を行なった。その後一九九五年の北京会議の北京宣言と行動綱領の成果も取り入れて、一九九六年七月に概ね西暦二〇一〇年までを念頭にめざすべき方向とそれに至る道筋を提案する「男女共同参画ビジョン――二一世紀の新たな価値の創造」を内閣総理大臣に答申した。ビジョンの中には「男女共同参画社会の実現を促進するための基本的な法律について、速やかに検討すべきである」との記述がなされた（付男女共同参画ビジョン）。また男女平等と男女共同参画の関係については「真の男女平等をめざすことが男女共同参画である」と述べている。

その後一九九六年一二月、「男女共同参画二〇〇〇年プラン――男女共同参画社会の形成の促進に関する平成十二年（二〇〇〇年）度までの国内行動計画案」は男女共同参画審議会の同意をえて、一二月一三日決定し閣議に報告した。
なお審議会は別紙として「男女共同参画社会の実現を促進するための基本的な法律の制定に向けて、早急に検討を進めること」などを要望している。

4 基本法制定の気運が高まる

これで「出来れば一九九六年中に自国の行動計画を策定する」という北京会議における国際的要請にもきちんと応えたことになる。

政治の場においても、状況は基本法策定に幸いした。連立政権が続くなかで一九九六年一月の自由民主党、日本社会党、新党さきがけの政策合意を踏まえ、一〇月には三党政策協議で「女性基本法制定など」女性政策について合意に至ったのである。この合意には日本社会党の土井たか子党首、新党さきがけの堂本暁子代表の二人の女性政治家の強い主張があった。

一九九七年、売春対策審議会を廃止して男女共同参画審議会が設置法に基づいて設置され、岩男壽美子氏が会長に選ばれた。当時の橋本龍太郎内閣総理大臣は「男女共同参画社会の実現を促進するための方策に関する基本的事項について」と「売買春その他の女性に対する暴力に関し」諮問した。橋本総理は、一九九七年六月一六日の第一回審議会の挨拶の中で「今後、この基本的な法律を含め、男女共同参画社会の実現を促進するための方策について検討を進める必要がある」と述べている。

この諮問を受けて、審議会では九月に基本問題部会（部会長　岩男壽美子氏）を設置し、検討を開始した。この間、一九九八年二月一六日、第一四二回国会における施政方針演説で、橋本総理は「差別のない公正な社会の実現に努力しなければなりません。なかでも、男は仕事、家事と育児は女性といった男女の固定的な役割意識を改め、女性と男性が共に参画し、喜びも責任も分かち合える社会を実現することは極めて重要であり、そのための基本となる法律案を来年の通常国会に提出致します」と述べている。

総理大臣の国会での明言によって、基本法の国会提出は予想以上の速さで具体的なプログラムに上ってきた。

基本法の法案検討

その後、部会に基本法検討小委員会が設置され、基本法の必要性、目的理念、責務、基本計画等が検討されて、六月一六日「男女共同参画社会基本法（仮称）の論点整理――男女共同参画社会を形成するための基礎的条件づくり」が公表された。

論点整理に対して意見募集が行なわれ、三六一一件の意見が寄せられた。さらに全国六ヵ所で審議会委員による意見交換会が開催された。また一九九八年八月から九月にかけて「男女共同参画社会に関する有識者アンケート」を実施した。

このように国民の意見を聞いたうえで、審議会は一一月四日「男女共同参画社会基本法について――男女共同参画社会を形成するための基礎的条件づくり」を答申した。

答申では、「第一　はじめに」において、男女共同参画社会の形成を促進するための総合的枠組みづくりが必要かつ有効と判断し、男女共同参画社会基本法の制定を提言した。

「第二　男女共同参画社会基本法の必要性」では、男女共同参画社会を実現することの意義として五つの意義を示している。これは「人権の確立」「政策、方針決定過程への参画による民主主義の成熟」「男女共同参画の視点の定着・深化」「新たな価値の創造」及び「地域社会への貢献」である。その上で、各分野で総合的効率的に進めるための手段として基本法の制定が必要としている。

「第三　基本法に盛りこむべき内容」では、「法律の目的」「基本理念」「国、地方公共団体、国民の責務」「法令上又は財政上の措置」「年次報告」「基本計画」「国民の理解を深めるための措置」「推進体制」「苦情等の処理」「国際的協調のための措置」及び「地方公共団体及び民間団体による活動を促進するための措置」が掲げられている。

「基本理念」においては、①人権の尊重、②阻害要因の除去、③政策・方針決定過程への男女共同参画、④家族的責任等、⑤国際的協調による取り組みの推進の五つが示されている。論点整理においても両論併記されていた「ジェンダー」という言葉は、一般に十分理解されていないとして「基本理念」の中には入っていない。これでほぼ基本法の骨格が明らかになった。

一九九八年七月、参議院選挙で自民党が敗れ、橋本内閣が退陣し、小渕内閣（自民党単独）となり、野中広務内閣官房長官が就任し男女共同参画担当も兼ねた。

答申に対する政党の対応

社会民主党は男女平等基本法プロジェクトチームを設置し、「男女平等基本法」制定に向けた党の考え方が示された。

「性差別撤廃の視点が明確にされていない」「間接差別、ポジティブ・アクションの導入が明示的に述べられていない」などの問題点をあげ、法律に盛りこむべき内容としては法律の名称は男女平等基本法とする、などを土井党首名で申し入れた。

公明党は一九九九年一一月二二日の参議院本会議において、浜四津敏子代表が基本法制定に当っての意義について質問するなど積極的、好意的に対応し、基本法の早期制定を求める申し入れを行なった。①積極的特別暫定措置として、クォータ制度を推進すること、②苦情処理（オンブズパーソンの機能を含む）を可能とする明確な体制を作ること、③基本法の精神や内容を学校教育や教科書にも盛り込むこと、など積極的なものだった。

民主党も党内に男女共同参画プロジェクトチームを設置し、一九九八年八月から検討を行ない、一一月には「男女共同参画社会の実現に向けての基本法の検討について中間報告」が出された。また、法案提出後の一九九九年四月一日には「男女共同参画基本法の国会審議にむけて」を発表した。

その中で以下の提言がなされている。①前文をつける、②ジェンダーについては「社会的・文化的に形成された性差」とし、目的に「社会的・文化的に形成された性差にとらわれず個人としてその個性と能力を発揮する機会が保障される社会の形成」を明記する、③アファーマティブ・アクションについては「積極的是正措置」とする、④間接差別について明記する。

このように、各野党の提言は、政府案よりさらに積極的だった。

5 基本法の成立へ

男女共同参画審議会の答申を受けて、法案作成作業は総理府で行なわれ、年明けから各省との協議が行なわれた。

一九九九年一月九日の一四五回国会の施政方針演説で小渕総理大臣は「今国会には男女共同参画社会基本法案を提出する」と述べた。同年二月二六日に法案は閣議決定の上、国会に提出された。この法案は参院先議とされ四月一二日に参議院本会議で趣旨説明が行なわれ、その後総務委員会で審議された。民主党からも男女共同参画基本法案が提案され、政府案とともに審議されたが前文を追加することで合意が成立し、民主党は提案を撤回した。この採決にあたって自由民主党、民主党、新緑風会、公明党、日本共産党、社会民主党、護憲連合、自由党、参議院の会の七会派共同提案による付帯決議案が、全会一致で採択された。

その後衆議院に付議され、六月三日本会議、六月四日内閣委員会で趣旨説明、六月一〇日参考人質疑を経て、六月一一日に内閣委員会で可決、六月一五日の本会議で可決。六月二三日に法律第七八号として公布、同法の付則により公布日に施行された。

男女共同参画社会基本法の審議会に係る規定は「中央省庁等改革のための国の行政組織関係法律の整備等に関する法律」（一九九九年七月一六日）および「同施行法」（同一二月二二日）により改正

男女共同参画基本法制定の経過

年号	政府の働き	審議会設置と答申	内閣・その他の動き
1980年 (昭和55)	・「女子差別撤廃条約」52ヵ国(日本を含む) 署名		
1985年 (昭和60)	・「男女雇用機会均等法」公布 ・「女子差別撤廃条約」批准		
1993年 (平成5)	・第4回世界女性会議日本国内委員会およびNGO部会発足 ・家庭科の男女共修実施(中学)		・細川内閣(8月9日〜)自民党一党支配が崩れ、8党派連立政権となる。
1994年 (平成6)	・「男女共同参画推進本部」設置 ・総理府に「男女共同参画室」設置	・(旧)男女共同参画審議会を設置(6月24日〜1997年3月31日)—政令による設置	・羽田内閣(4月29日〜) ・村山内閣(6月30日〜)
1995年 (平成7)	・ILO「家庭的責任条約」批准	・「男女共同参画審議会」専門委員として、大沢真理参加(5月)	・「第4回世界女性会議」開催(北京—9月)
1996年 (平成8)	・男女共同参画推進連携会議「えがりてネットワーク」発足	・答申「男女共同参画ビジョン」(7月30日)	・村山退陣(1月)、橋本内閣発足 ・10月の選挙で単独過半数を維持できず、閣外協力のための自社さ三党合意の中に「基本法制定」と「男女共同参画審議会」の格上げが含まれていた。
1997年 (平成9)		・「男女共同参画審議会」(6月16日〜2001年1月5日)—男女共同参画審議会設置法による法令設置	
1998年 (平成10)		・答申「男女共同参画社会基本法について—男女共同参画社会を形成するための基礎的条件づくり—」(11月4日)	・小渕内閣(7月30日〜)
1999年 (平成11)	・「男女共同参画社会基本法」公布・施行(6月23日)		・8月13日「国旗及び国歌に関する法律」
2000年 (平成12)	・答申を受けて、国の基本計画「男女共同参画基本計画について」を策定、閣議決定し、「審議会」もこれを了承(12月12日)。	・答申「男女共同参画基本計画策定に当たっての基本的な考え方—21世紀の最重要課題」(9月26日)	・森内閣(4月5日〜) ・地方自治体において「男女共同参画条例」が、作られはじめる。
2001年 (平成13)		・「基本法」に定められた「男女共同参画会議」が省庁再編に伴い、内閣府に設置(1月6日)。	・小泉内閣(4月26日〜)

され、二〇〇一年一月から男女共同参画会議に関わる機能が追加された。

基本計画の策定

一九九九年八月九日に小渕内閣総理大臣は男女共同審議会に、「施策の基本的な方向について」諮問し、審議会は二〇〇〇年九月二六日に「男女共同参画基本計画策定に当たっての基本的な考え方――二一世紀の最重要課題」を答申した。政府はさらに二〇〇〇年七月三一日に男女共同参画審議会から出された「女性に対する暴力に関する基本的方策について」の答申も踏まえ、男女共同参画基本計画を策定し、審議会の承認を得て一二月一二日、基本法に基づく初めての計画として閣議決定された。

基本計画は一一の重点目標を掲げ、さらに五年以内に行なう具体的施策をあげている。

6　男女共同参画社会基本法の特徴

基本法

基本法の特徴の第一は「基本法」という法律の性格からきている。「基本法」の名称が付けられた法律としては、教育基本法、高齢社会対策基本法などがある。これらの「基本法」は、国政の重要な分野について、国の政策に関する基本方針を明らかにすることを主な内容としており、直接的に国民の権利義務に影響を及ぼすような規定は設けられていない。

「基本法」は法形式としては、一般の法律と同じ位置づけであるが、その対象とする分野の施策の方向を示すものであり、その対象分野について他の法律に優越する性格をもつ。いわば「基本法」は憲法と個別法をつなぐ位置づけにある。基本法の性質上、直接に国民の権利を制限し、義務を課するなどの個別の領域について規定する場合は個別法の定めに委ねることとしている。

前文

第二の特徴は前文を持つことである。この前文は政府提案にはなかったが、民主党の提案で一九九九年五月二一日、参議院総務委員会において、政府案に前文を置くとする自由民主党、民主党、新緑風会、公明党及び自由党の修正動議が可決され、衆議院においても可決された。この中で注目されるのは「男女共同参画社会の実現を、二一世紀の我が国社会を決定する最重要課題」と位置づけていることである。

これは他の施策と重要性を比較して最重要というよりも、男女共同参画社会の実現自体が最も重要な政策課題であることを示している。また私自身は、経済、外交などあらゆる施策を行なう際に決して忘れてならない視点が男女共同参画であると考えている。いわば他の重要分野を横断するクロス・カッティング・イシューとしての男女共同参画である。

また前文の中で「社会のあらゆる分野」とされているのは、職域、学校、地域、家庭その他の例外なくあらゆる分野でと説明されている。それに対し、宇部市などの条例では「あらゆる分野」を「さまざまな分野」といいかえている。

「性別にかかわりなく」との文言も政府原案にはなく、前文にのみ使われている。ビジョンでは「社会的・文化的に形成された性別に縛られず、各人の個性に基づいて共同参画する社会の実現を目指す」とされていたが、ジェンダーの翻訳である「社会的、文化的に形成された性別」という言葉は一般にまだ理解されていないという意見が出されたので、基本法案においては使われなかった。しかし第一条、第三条、第四条、第五条、第六条の中に「反映」はされていると解釈している。

ポジティブ・アクション

第三は、積極的改善措置（ポジティブ・アクション）である。「機会に係る男女間の格差を改善するため必要な範囲内において、男女のいずれか一方に対し、当該機会を積極的に提供することをいう」と定めている。

社会的、経済的な大きな格差が現実に存在する社会では、「法制上の平等」は形式的なものにすぎない。個々の活動の場において少数の性の側が置かれた状況を考慮して、それらの者に現実に機会を利用できる実質的な「機会の平等」を担保するための措置が、積極的改善措置である。これは逆差別ではないかという声もあるが、女子差別撤廃条約第四条でも暫定的な特別措置は差別ではないと規定されている。余談になるが、二〇〇三年の女子差別撤廃委員会の日本審査の際、ポジティブ・アクションと言わず、一時的差別是正措置と言う方が誤解を招かないという意見が出された。たしかにこの表現のほうが極端な格差がなくなるまでの短期間の措置という意味が明らかになる。

現状では女性の活動の場が少ないので女性を対象とした積極的改善措置が多いが、基本法において定義された積極的改善措置は男性も対象としている。たとえば看護師、保育士などにもっと男性をという特別活動はありうるかもしれない。

以下は、法文にそって簡潔に説明したい。煩雑かもしれないが、法律に対する誤解をとくためあえて述べたい。

基本理念

第三条から第七条においては五つの基本理念が規定されている。この基本理念は、国、地方公共団体、国民が第八条から第一〇条に定められている責務を果たす上で基本となる考えであり、「男女」をともに対象としている。女性だけでなく男性も対象としているのが大きな特色である。

第三条は「男女の人権の尊重」である。単に「人権」とせず、「男女の人権」と規定したのは、性別に起因する点に着目し、その観点を強調している。また、男女の人権の享有する主体はすべての人であり、アイヌ、被差別部落、マイノリティの女性への差別問題もこの「人権」の中に含まれている。

具体的には男女の個人の尊厳が重んぜられることであり、性別に起因する暴力や、明示的ではないがリプロダクティブヘルス／ライツの問題も含まれている。

また「性別による差別的取り扱いを受けないこと」は憲法一四条にも規定されているまさしく基本的な人権である。差別的取り扱いという用語については、直接差別、間接差別という視点からは整理されていない。これは法律が定められた当時、間接差別の概念について社会的コンセンサスが得られておらず、問題としている範囲も人によって異なっていたからである。明確な差別的な意図がなくても、三陽物産事件判決（東京地裁 一九九四年六月一六日）のように、種々の状況から差別を容認したとの推認が行なわれた判例もある。また住友化学事件和解において、採用時において差別の意図がなく、社会的に容認されていても、社会の変化、国際動向の中で、差別と認定されたケースも出ている。

このため、本条においては行為者に着目した「差別をしないこと」という文言でなく、「差別的取り扱いを受けない」と、行為の受け手に着目した規定としている。すなわち差別する側にその意図があってもなくても、受け手が差別されないことが重要と見なしている。女子差別撤廃委員からは、より明確にあらゆる差別を禁止する法律が必要という意見も出された。

その他の男女の人権は、たとえば生存権、自由権、幸福追求に対する権利や政治的信条の自由など例示以外の広い範囲の基本的人権を意味すると解される。

制度または慣行についての配慮

第四条は「社会における制度又は慣行についての配慮」である。男女共同参画社会の形成に当たって、社会制度・慣行が、性別による固定的な役割分担等を反映して、結果として就労など活動の選択を困難にするような偏った影響を与えないよう、できる限り中立的なものとするように配慮されなければならないとされている。

この規定は狭義の女性関係施策だけでなく、税制、社会保障制度、賃金制度など男女の活動や生活に大きな影響を与えるものについては、現実の社会の状況や諸外国の動向も見ながら、広く議論することを求めている。「法令」ではなく「制度又は慣行」とされている点で、法律上の平等のみならず事実上の平等（結果の平等ではない）をめざしている。しかし法文でも「できるかぎり中立なものとするよう配慮」という表現にとどまっており、完全に中立を保つのは難しい場合もあることを想定している。

中立的なものとする対象については、個々の制度や慣行が男女の活動に影響しているかどうか、どの程度か等を考慮する。基本計画では、「2　男女共同参画の視点に立った社会制度・慣行の見直し」として、具体例に、税制、社会保障制度、賃金制度を挙げており、二〇〇一年以降影響調査専門調査会でも検討が行なわれた。

後述する「基本のき」で問題になったように、子どもの祝いごと（鯉のぼり、雛祭り）のような慣行は「男女の社会における活動に影響を及ぼす」とは見なされないが、たとえば大相撲の賜杯を女性が土俵で授与すること、いくつかの宗教行事・山岳登山が女人禁制としていることに対しては、「国民の間で議論がなされ、その結果として自ずと社会の中でいろいろな慣行の見直し、検討がなされていくと期待している」との国会答弁が、政府の公式の立場である。

私個人としては、純粋に信仰に関わる行事・慣行はその信者や教団など当事者の判断にまかせるべきだと思うが、たとえば「トンネル工事に女性が関わると山の神が怒る」等の理由で女性作業員をしめ出し、就業の機会を与えない慣行は改めるべきである。現に女性が入っても事故が起こらなければ迷信も消えていく。古代オリンピックも女性は参加することはもちろん観戦することもできなかったが、近代オリンピックでは女性たちは当然のように参加し、数々の名勝負を演じている。

政策等の立案及び決定への共同参画

社会の構成員が政策あるいは方針の立案及び決定に参画する機会が確保されることは民主主義社会の根本原則である。わが国は第3章でもみたとおり、国連開発計画（UNDP）のジェンダー・エンパワーメント指数（GEM）では七〇ヵ国中四四位と他の先進諸国に比べてかなり低い。

本条において男女共同参画社会の形成は男女が①国もしくは都道府県、市町村などの地方公共団体における法令や条例などの施策や、②民間の企業、公益法人、労働組合、独立行政法人、教育・研究機関、共同組合、NPO法人やPTA、任意団体等の事業計画等の立案及び決定に、男女が共同して参画する機会が確保されることを旨として行なわなければならないとしている。

これは単に形式的に機会の平等を確保するだけでなく、実質的に参画できるよう条件を整備し、積極的改善措置を行なうことも視野に入っていると解される。

家庭生活における活動と他の活動の両立

男女が共に社会のあらゆる活動に参画していくためには、家族を構成する男女が相互に協力するとともに、社会の支援を受けながら子の養育、家族の介護、その他の家事を行ない、家庭生活と、働く、通学する、地域活動をするなどの活動との両立が図られるようにする。現在は、家庭責任、育児、介護、家事などは女性が担っているが、男性にとっても家庭生活に目を向けることは、男性自身の人生を豊かにするとともに、子どもに社会性を与え、青少年の健全育成や、少子高齢化社会を生きぬく上でも重要である。

「仕事と子育ての両立支援」もこの理念に基づいて検討し提言した。

本条文は「家族的責任を有する男女労働者の機会及び待遇の均等に関する条約」（ＩＬＯ一五六号）を前提としている。わが国はこの条約を一九九五年に批准しており、「各加盟国は、家族的責任を有する者が、差別を受けることなく、また、できる限り職業上の責任と家族的責任との間に抵触が生ずることなく職業に従事する権利を行使することができるようにする」ことを国の政策の目的とする。

ＩＬＯ条約第七条では、「家族的責任を有する労働者が労働力の一員となり、労働力の一員としてとどまり、及び就業しない期間の後に再び労働力の一員となることができるようにするため、国内事情及び国内の可能性と両立するすべての措置をとる」としている。また差別撤廃条約前文および第一一条で「婚姻または母性を理由とする女子に対する差別を防止する」などと定めている。

国際的協調

わが国の男女共同参画社会の形成がここまで進んできたのは、国連をはじめ国際社会の取り組みと連動したからである。基本法は今後もわが国は国際社会の一員として、女子差別撤廃条約や四回にわたる世界女性会議の成果、ＩＬＯの活動、国連の活動等を踏まえ、国際的な連携、協力の下に行なう理念を明らかにしている。

論点整理の中では基本理念として「国際的に確立された理念の尊重と国際協力の積極的推進」が示されていた。基本法第七条ではこの文言がなくなっているが「国際的協調」の中にこれらの確立された理念も含まれていると国会で答弁している。

これは特定の国と協調するということを定めたものではなく、先進国に限らず、途上国への積極的貢献も含んでいる。具体的には第一九条で、国際協力の推進のために措置を講ずる旨規定している。

以上の五つの理念を述べたあと、基本法では八条で国、九条で地方公共団体、そして一〇条で国民の責務を述べている。国の責務の具体的内容は、第一一条、法制上の措置等、第一二条（年次報告）、第一三条（男女共同参画基本計画）、第一五条（施策の策定等に当たっての配慮）、第一六条（国民の理解を深めるための措置）、第一七条（苦情の処理等）、第一八条（調査研究）、第一九条（国際協調のための措置）、第二〇条（地方公共団体及び民間の団体に対する支援）等である。

第九条において、地方公共団体には「国の施策に準じた施策」及びその他の「その地方公共団体の区域の特性に応じた施策」を策定し実施する責務を有するとされている。責務の具体的内容は、第一四条（都道府県共同参画計画）、第一五条（施策の策定等にあたっての配慮）、第一六条（国民の理解を深めるための措置）である。

「国の施策に準じた施策」が加わったのは、論点整理へのパブリック・コメントにおいて、完全に地方公共団体の独自性を認めると、地域の状況が遅れているという理由で、国の施策より遅れる地方公共団体が出てくるおそれがあるとの意見が多数出されたためである。

条例の制定は、各自治体の固有の権限であり、基本法では法定せず、自主性にまかせている。地方公共団体の条例の制定については、「法令に違反しない限り」において制定できる旨、憲法（九四条）、地方自治法（一四条）に規定されている。内閣府男女共同参画局は地方公共団体に対して地方自治法でいうところの「専門的助言」「情報の提供その他の必要な措置」（基本法二〇条）を講ずるよう努めるものとするという範囲の関与しかできない。国会で県や市の条例に「行きすぎがある」という意見が出されたが、地方公共団体の条例は地方議会によって採択されるので、それを変えさせるのは明確に法令に違反している場合だけである。

なお最高裁判例においては、法令に違反しているかどうかは、国の法令と条例の趣旨、目的、内容及び効果等を総合的に勘案して個々に判断すべきものとされている。

第一〇条で、国民（日本国籍を有する者及び日本に居住する外国人を含み、もちろん法人も含まれる）は、あらゆる分野で男女共同参画社会の形成に寄与するよう努めなければならないと規定されている。国や都道府県は「責務を負う」と義務づけられているのに、国民は努力義務となっている。個々の国民の男女共同参画に関わる活動を期待される分野は幅広く、これらをすべて「義務」とすることは困難なので、努力義務規定にとどまった。

第二章は第一三条から二〇条まで、基本的施策についての規定である。

苦情の処理等

第一七条で、男女共同参画社会の形成を促進するためには苦情の処理のために必要な措置、及び人権が侵害された場合における被害者の救済を図るために必要な措置を講じなければならないと規定されている。個別の苦情に対する処理手続き等を定めたものでなく、苦情が適切に処理されるよう仕組みが整備され、適切に運用されることを求めるものである。

北欧等にある、政府から独立したオンブズパーソン（オンブッド）の設置を求める声もあったが、行政相談制度や、人権擁護相談委員制度の活用、各省庁の苦情処理担当などを通じて対処することを想定している。この規定に基づいて男女共同参画会議で、苦情処理システムについて検討を行ない、二〇〇二年一〇月一七日「男女共同参画に関する施策についての苦情の処理及び人権侵害における被害者の救済に関するシステムの充実・強化について」として取りまとめられた。

調査研究

第一八条では、「社会における制度又は慣行が男女共同参画社会の形成に及ぼす影響についての調査研究」を推進するよう努めるものとしている。基本理念の第四条に対応するもので、男女共同参画会議影響調査専門調査会で検討されている。

第三章第二一条から二八条は男女共同参画会議について規定している。

第9章　地方自治体とNGOの動き

1　窓口をどこにするか

一九七五年に総理府婦人問題担当室が設置された際に困ったのは、都道府県に担当部局がないことだった。婦人問題関係行政は法律での必置規定もなく、補助金もつかない行政なので自治体において引き受ける部署が決まっていなかった。

まず事務連絡の文書を受ける窓口を決めてくださいと婦人担当室から各県の総務部等にお願いした結果は、教育委員会社会教育課といった教育関係部局、総務部県民生活課のような県民生活関係部局、あるいは福祉部母子福祉課といった福祉部局とさまざまで、東京都、横浜市を除いて専門担当課（専担という）はなく、他の業務とかけもちだった。

窓口課（総理府の出した文書の受取り処理を行なう窓口）の指定はできた。その次は、専担の課、それがだめなら専担の係を、というのが当時の婦人問題担当室の希望である。当時ある県の幹部から「わが県の女性は良妻賢母ばかりだから、婦人問題などありません」と言われた。婦人問題とか、女性の自立とは東京で一部の女性がさわいでいるだけだと考える、もしくはそれに近い認識の地方公務員は多かった。それでも住民から直接選ばれる首長は民意に敏感で、徐々に専担係、あるいは専門担当者を置く都道府県が増加し、また徐々に県に見習って市でも、担当課（係）が置かれるようになってきた。地方は国より早く取り組みが着実に進み、立派な拠点施設も作られていった。

国の婦人問題担当室が法令の裏づけがないのに比べると、大阪府のように先進的な地方公共団体の女性担当部局は、知事や市長に直結し、総合調整機能を持つようになってきていた。また地域の女性団体との連携も密で、拠点施設を核としてさまざまな活動が行なわれている。

2　各地の事例

横浜市は一九八七年に横浜市女性協会が設立され、一九八八年に女性フォーラムを運営し、再就職支援の「ル・トラヴァイユ」という講座を行なうなど、数多くの実績をあげている。一九九三年には二館目として、みなとみらいのランドマークタワーに「フォーラム横浜」がオープンした。立地条件を生かして都心で働く女性、そして男性も視野にいれた事業活動を展開している。さらに三館目を都筑区に建設中である（二〇〇四年秋オープンの予定）。

大阪市も市内にクレオ五館のセンターを設置し、きめこまかに取り組んでいる。

北九州市は、ふるさと創生資金の一億円を核に一九九三年、財団法人アジア女性交流・研究フォーラムが創立され、また一九九五年には拠点施設ムーブがオープンし、地域の特性を生かし、アジア女性との連携と環境問題に力をいれて、さまざまな研究を積み重ねている。

二〇〇三年四月現在、四〇都道府県、一二政令指定都市に男女共同参画・女性のための総合的な施設が設置されており、男女共同参画を推進するため、広報啓発、調査研究、相談交流促進事業等を行なっている。中には大阪府、愛知県のように独立したさまざまの機能が整備された大型施設もある。しかし地方自治体の財政が厳しくなる中で、こうした大型施設を新たに建設するのは困難になってきている。私も埼玉県の男女共同参画センター（with you さいたま）を設置する際に大型施設をめざさなかった。それより便利な場所に設置をし、県下の市町の女性センターとネットワークを組み機能を充実させることを優先した。そのため他の宿泊施設と合築し、二フロアーをセンターに充てた。重要なのは機能である。単なる教養的な施設、一部の女性だけが利用する施設ではなく、広い層の男女が利用することが望ましい。またその地方公共団体が進める男女共同参画政策を実施する機関として、住民や市町村の取り組みを支援することをめざすべきだと思っている。

二〇都道府県、八政令指定都市で男女共同参画、女性関係事業を推進するために基金や財団が設立されている。実施している事業としては、男女共同参画の施設運営を行っている他、広報啓発、交流促進事業などがある。

東京都では、こうした幅広い活動をしていた東京女性財団が財政難を理由として廃止され、中核施設である東京ウイメンズプラザの運営を都が直接行なうこととなった（二〇〇二年）。東京都の条

男女共同参画・女性のための総合的な施設（都道府県・政令指定都市）

都道府県 政令都市	名称	設置年月	管理運営主体	職員数(人)		予算額 (千円)
				常勤	非常勤	
北海道	北海道立女性プラザ	H 3.11	(財)北海道女性協会	5	3	38,744
青森県	青森県男女共同参画センター(愛称：アピオあおもり)	H13. 6	青森県(環境生活部)	7	7	136,112
岩手県	無					
宮城県	無					
秋田県	秋田県中央男女共同参画センター	H13. 4	(財)秋田県婦人会館	6	9	32,548
	秋田県北部男女共同参画センター	H14. 8	特定非営利活動法人 秋田県北 NPO 支援センター	0	3	14,945
	秋田県南部男女共同参画センター	H14. 7	(財)秋田県婦人会館	0	3	16,297
山形県	山形県男女共同参画センター(愛称：チェリア)	H13. 4	(財)山形県生涯学習文化財団	2	4	34,390
福島県	福島県男女共生センター(女と男の未来館)	H13. 1	(財)福島県青少年育成・男女共生推進機構	15	12	317,076
茨城県	無					
栃木県	とちぎ女性センター	H 8. 4	(財)とちぎ女性センター	11	13	226,718
群馬県	無					
埼玉県	埼玉県男女共同参画推進センター(With You さいたま)	H14. 4	(財)いきいき埼玉	12	14	263,995
千葉県	千葉県女性センター	H 8.11	(財)千葉県青少年女性協会	6	10	105,163
東京都	東京ウイメンズプラザ	H 7.11	東京都(生活文化局)	10	27	999,877
神奈川県	県立かながわ女性センター	S57. 9	神奈川県(県民部)	25	17	251,412
新潟県	新潟ユニゾンプラザ	H 8. 8	新潟県(福祉保健部) (社福)新潟県社会福祉協議会	3	1	48,551
富山県	富山県民共生センター(愛称：サンフォルテ)	H 9. 4	(財)富山県女性財団	12	3	206,008
石川県	石川県女性センター	S54.10	石川県(県民文化局) (財)石川県女性センター	3	3	58,280
福井県	福井県生活学習館(ユー・アイ ふくい)	H 7. 7	福井県(県民生活部)	21	4	116,889
山梨県	山梨県立総合女性センター	S59. 1	山梨県(企画部)	5	8	59,787
	山梨県立富士女性センター	H 2.12	〃	4	3	32,047
	山梨県立峡南女性センター	H 8. 4	〃	3	2	14,796
長野県	長野県男女共同参画センター“あいとぴあ”	S59. 9	(財)長野県勤労者福祉事業団	7	2	121,421

岐阜県	岐阜県県民ふれあい会館内 男女共同参画ふれあいサロン	H14. 4	㈶岐阜県地域女性団体協議会	2	—	—
静岡県	静岡県男女共同参画センター　あざれあ	H 5. 5	静岡県(生活文化部)	9	9	211,296
愛知県	愛知県女性総合センター	H 8. 5	愛知県(県民生活部) ㈶あいち女性総合センター	20	13	472,087
三重県	三重県男女共同参画センター(愛称：フレンテみえ)	H 6.10	㈶三重県文化振興事業団	5	6	95,243
滋賀県	滋賀県立男女共同参画センター(愛称：G―NET しが)	S61.11	滋賀県(政策調整部男女共同参画課)	5	4	96,144
京都府	京都府女性総合センター	H 8. 4	㈶京都府民総合交流事業団	6	2	122,971
大阪府	大阪府立女性総合センター(ドーンセンター)	H 6.11	㈶大阪府男女共同参画推進財団	16	8	467,868
兵庫県	兵庫県立男女共同参画センター(愛称：イーブン)	H 4.10	県民政策部県民文化局男女共同参画課	9	6	112,814
奈良県	奈良県女性センター	S61. 4	奈良県(生活環境部)	8	12	45,648
和歌山県	和歌山県男女共生社会推進センター“りぃぶる”	H10.12	和歌山県(環境生活部共生推進局男女共生社会推進課)	10	3	18,999
鳥取県	鳥取県男女共同参画センター(愛称：よりん彩)	H13. 4	鳥取県(生活環境部)	5	8	61,369
島根県	島根県立男女共同参画センター(愛称：あすてらす)	H11. 4	㈶しまね女性センター	10	16	180,311
岡山県	岡山県男女共同参画推進センター(愛称：ウィズセンター)	H11. 4	岡山県(生活環境部男女共同参画課)	7	9	107,677
広島県	広島県女性総合センター(エソール広島)	H元. 4	㈶広島県女性会議	7	1	72,610
山口県	無					
徳島県	徳島県男女共同参画プラザはばたき	H 9. 5	徳島県(県民環境部男女共同参画課)	0	6	28,973
香川県	無					
愛媛県	愛媛県女性総合センター	S62.11	㈶えひめ女性財団	12	6	116,295
高知県	こうち女性総合センター(愛称：ソーレ)	H11. 1	㈶こうち男女共同参画社会づくり財団	6	4	99,694
福岡県	福岡県男女共同参画センター(愛称：あすばる)	H 8.11	㈶福岡県女性財団	11	10	156,075
佐賀県	佐賀県立女性センター	H 7. 3	㈶佐賀県女性と生涯学習財団	10	4	271,300
長崎県	無					
熊本県	熊本県男女共同参画センター	H14. 4	熊本県(環境生活部男女共同参画・パートナーシップ推進課)	4	10	40,958
大分県	大分県消費生活・男女共同参画プラザ(愛称：アイネス)	H15. 4	大分県(生活環境部)	10	9	146,999
宮崎県	宮崎県男女共同参画センター	H13. 9	宮崎県(生活環境部) 特定非営利活動法人みやざき男女共同参画推進機構	3	3	39,021

鹿児島県	鹿児島県男女共同参画センター	H15. 4	鹿児島県（環境生活部）	4	3	33,807
沖縄県	沖縄県女性総合センター	H 8. 3	(財)おきなわ女性財団	23	0	142,593
札幌市	札幌市女性センター（〜H15.8月） 札幌市男女共同参画センター（H15.9月〜）	S56.12	(財)札幌市青少年婦人活動協会（〜H15.7月） (財)札幌市青少年女性活動協会（H15.8月〜）	7	10	360,872
仙台市	仙台市男女共同参画推進センター エル・パーク仙台 エル・ソーラ仙台	S62. 3 H15. 5	仙台市（市民局生活文化部男女共同参画課） (財)せんだい男女共同参画財団	23	9	581,148
千葉市	千葉市女性センター	H11.12	千葉市（市民局生活文化部男女共同参画課） (財)千葉市文化振興財団	18	7	226,043
横浜市	横浜女性フォーラム	S63. 9	横浜市（市民局男女共同参画推進室） (財)横浜市女性協会	59	1	839,483
	フォーラムよこはま	H 5. 7				
川崎市	川崎市男女共同参画センター（愛称：すくらむ21）	H11. 9	(財)川崎市指定都市記念事業公社	3	7	110,387
名古屋市	名古屋市男女平等参画推進センター	H15. 6	名古屋市（総務局）	7	5	106,402
京都市	京都市女性総合センター「ウィングス京都」	H 6. 4	(財)京都市女性協会	21	0	304,754
大阪市	男女共同参画センター（愛称：クレオ大阪） 中央館	H13.11	大阪市（市民局男女共同参画課） (財)大阪市女性協会	75	1	797,140
	〃 北部館	H 5. 6				
	〃 西部館	H 6.11				
	〃 南部館	H 8. 3				
	〃 東部館	H10. 3				
神戸市	神戸市男女共同参画センター（愛称：あすてっぷKOBE）	H 4. 3	神戸市（生活文化観光局男女共同参画課）	2	10	69,510
広島市	無					
福岡市	福岡市女性センター　アミカス	S63.11	(財)福岡市女性協会	11	13	334,365
北九州市	北九州市立男女共同参画センター（愛称：ムーブ）	H 7. 7	(財)アジア女性交流・研究フォーラム	20	2	257,739
さいたま市	さいたま市女性総合センター	H 9. 4	さいたま市	4	0	24,303

例に東京女性財団についての規定がなかったことがこうした事態を招いたという指摘もあり、その後制定された条例づくりの反省材料となっている。

基金や財団などを設立し関係事業や施設運営を行なう場合、うまくいくと直轄より自由度が高い活動ができ、また専門性と使命感をもった職員が育つ。しかし資金が十分でなく職員の養成や異動がうまく行なわれないと、小さい組織（であることが多い）の中で人事が停滞し、活動も停滞してしまう。

また長く従事している職員の専門性が高くなりすぎ、他の行政職員や一般市民と格差があいてしまい、広い支持が得られないということもある。逆に地方公共団体が直接行なうと、人事異動があって専門性がなかなか育たない、公務・公務員としての枠組みをこえられないなどの短所はあるが、一定水準以上の仕事をする、人事異動があるので組織の風通しがよいという長所もある。また男女共同参画の仕事をした職員が庁内に広がっていく意義もある。

横浜市や北九州市は、大成功している例だが、いずれも理事長が高い識見をもち、首長や地域の女性団体から信頼されているところに特徴がある。

また県（市）庁内に行政連絡会議がおかれ、三〇道府県が知事をトップ、一三府県が副知事をトップとしている。また諮問機関・懇談会が置かれている。審議会等委員への女性の登用も進んでおり平均で二六・二％、鳥取県（四〇・七％）、青森県（三六・三％）、福岡県（三二・一％）など六県市が三〇％を超えている（二〇〇三年四月現在）。

本庁の課長職以上の管理職は県平均四・八％、政令市で六・三％となっており、一三自治体は女性の管理職登用目標数値を設定しており、これは国より進んでいる。

一九九四年から総理府と共催で五八自治体が男女共同参画宣言都市奨励事業を実施しており、九六市（区）町村が宣言都市となっている。これは国と市町村が直接共同主催する事業であり、当初は引き受けてもらう市を探すような状況だったが、最近では希望する市が増加して競争率が高まっている。

男女共同参画行政は、従来の行政と異なり、補助金や委託費で結ばれた強力な利益団体・政治団体とのつながりは少ないが、新しい市民活動、ＮＰＯ活動、グループとの連携が進められている。

計画の策定

自治体と民間団体の連携も進んでおり、四〇都道府県、一〇政令指定都市では民間団体とのネットワークを組織している。活動としては、定例会議の開催、機関紙・誌の発行、パンフレットの作成、交流イベントの開催等を通じて、民間団体間の情報交換や交流活動を行なっている。こうした国と同様の活動だけでなく、約六割の自治体が助成金の交付を行なっている。

基本法では、都道府県には基本計画の策定を義務づけ、市（区）町村には努力義務としているが、現在すべての都道府県と一二政令指定都市は、男女共同参画に関する計画を策定しており、他の政令指定都市も平成一五年度に策定する予定である。

内閣府男女共同参画局では基本計画作成の手引きを作成して自治体の参考に供しているが、コンサルタントなど外部に委託する例も見られる。自らの言葉で住民との話しあいのプロセスを重視した計画づくりをめざしてほしいものである。

市町村と一口でいっても人口三五〇万人の横浜市から一〇〇〇人未満の村まで、人口規模も、地理的条件も、まちの成りたちなどもさまざまである。また、男女共同参画に関する取り組み姿勢、状況においても大きな格差が見られる。基本計画の策定も九二六（二八・八％）である。市町村における計画の策定率は市が七八・七％、町が一六・三％、村が五・八％で、市と町村には大きな格差がある。内閣府の委託調査の「地方における男女共同参画施策の方向に関する基礎調査」によれば、計画策定が困難な理由としては以下が挙げられている。

①対応できる人材やノウハウの蓄積がない、②小規模自治体では、人員的に余力がない、③業務分野がまたがるため庁内の体制づくりが困難、④男女共同参画への関心（意識）が低い、⑤情報不足、⑥独自性・地域特性をどう出してよいかわからない。

都道府県別に見ると、大阪府の九〇・九％から秋田県の七・二％まで格差が大きい。大阪府が高いのは、府及び府下の市町村が長年連携して研究活動を積み重ねてきた成果であり、他の都道府県にとってよい手本となっている。

小規模な村でも山梨県豊富村、長野県喬木村など、行政と村民の協同の村づくりの中で男女共同参画計画を位置づけている。市町村は住民との距離の近い基礎自治体では、住民の主体的参画がきわめて重要である。その触媒として女性グループや大学や有識者の働きかけは重要であり、行政がその活動を支援していくことで相乗効果が生まれる。たとえば計画策定の委員会に各種住民の団体代表を充てる。女性団体との懇談会、フォーラム、研修会、講演会の定期的開催などの積み重ねがその第一歩である。

また従来、女性大学、共生大学、婦人講座などで学習した人材が、懇談会、協議会の委員として、時には議員として推進役をつとめている事例も見られる。住民の意識を高め、行政との情報交換をつづけることが長期的にみて成果をもたらす。持続が何よりも重要であると強く思う。

3　条例の制定

二〇〇三年三月末現在、千葉県を除く四六都道府県、一一政令指定都市で条例が制定されている。市区町村はそれに比べやや少ないが一七四、市では一五三―三四で一五・六％、一五年度中に一一・六％が制定を検討している。基本法の中では直接条例を制定することを義務づけていないにもかかわらず、各地の女性の要求もあって条例の制定は予想以上の速度で進んでいる。

基本法第九条には、地方公共団体の責務として国の施策に準じた施策及びその地方公共団体の区域に応じた施策を策定し実施すると書かれているが、何を具体的に行なうかは書いてない。そこに条例の自由裁量の度合いが広がっている。

一九九九年、基本法が制定された同じ年の一一月、地方自治法が改正され、国、都道府県、市町村の関係はこれまでのように上下でなく対等とされ、連携・協力が求められることとなった。地方自治法一四条では、公共団体は法令に違反しない限りにおいて条例を制定することができ、また「義務を課し、又は権利を制限するには、法令に特別の定がある場合を除くほか、条例によらなければならない」とされている。条例を策定するためには議会で議決される必要があり、それまでの過程で協議会、審議会での検討、市民からの公聴会などいろいろの機会に住民の意見を聞くことができ、また全庁的な取り組みをすることができる。

私が埼玉県副知事だった頃、まだ国の基本法ができないうちに、県が条例をつくることこそ真の地方分権だと考え、これを具体化する方法を探ってみた。まず一九九七年二月、県議会で議員から「全国の自治体に先駆けて基本条例の制定を」と質問してもらった。それに対し土屋知事（当時）が「鋭意、研究を進めて参りたい」と答弁し、更に九月議会でも議員に質問をたたみかけて推進を図ったのである。

知事答弁を受けて一九九七年一〇月には「男女共同参画推進条例（仮称）研究会」が発足し、山下泰子（文京女子大大学院教授）氏、斉藤誠（日弁連）氏等にメンバーになってもらった。

この間九七年一二月には首都圏男女平等条例市民ネットワーク（代表樋口恵子）が結成されていた。行政のメンバーと女性問題協議会メンバーとＮＧＯの人々が、毎月会合を開いて情報交換し、ディスカッションすることができた。九八年二月一六日には橋本龍太郎首相が第一四二回通常国会の施政方針演説で、基本法を九九年の通常国会に提出すると述べ、基本法が予想以上に早く制定されることになったので、国より早く県条例を作ることはできなかったが、一石を投じることができた。二〇〇〇年三月には東京都と埼玉県がそれぞれ「東京都男女平等参画基本条例」「埼玉県男女共同参画推進条例」を制定し四月一日から施行された。

その後、山口県、鳥取県、神奈川県等で条例が次々に策定された。その中には、事業者の責務を

地方自治体における男女共同参画に関する条例制定状況

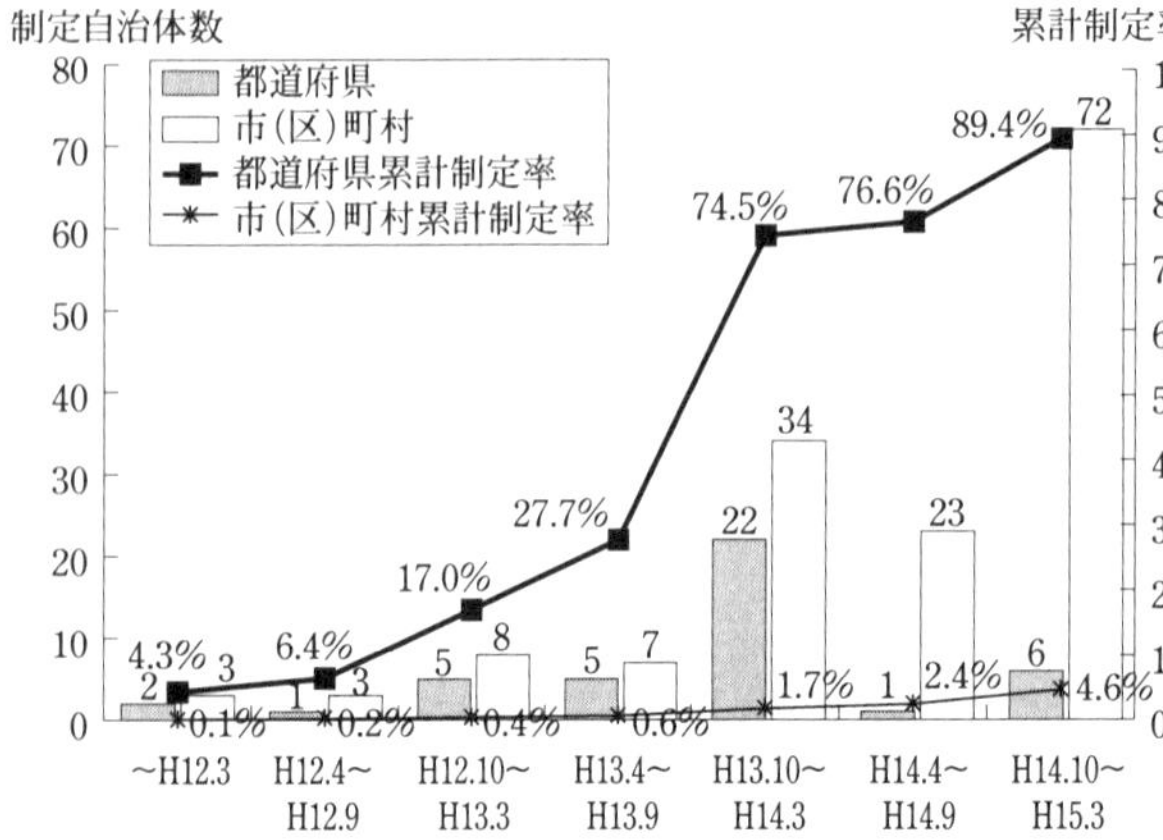

定めたもの、苦情処理を行なう体制の構築を定めたものなど、国の基本法からさらに一歩踏み込んだものも多い。福岡県福間町の公契約の例、水戸市や新見市のように表現への配慮を求めたものなど先進的な条例も制定されている。一方、宇部市の例に見られるように、保守的な条例を定めるバックラッシュの動きも二〇〇二年夏頃から目立つようになってきている。

しかし、大勢としては多くの市区町村で前向きな条例づくりの検討が進められている。

4　NGOの動き

日本の女性政策、男女共同参画を推進する上で、NGOは大きな役割を果たしてきた。その点は政府主導で行なわれることの多い他の行政と異なる大きな特色である。

一九七五年の国際婦人年は当時「婦人団体」と呼ばれてきた既存の団体の運動にインパクトを与えるものであった。地域婦人会から労働組合、消費者団体に至る幅広い団体が連絡組織を設立し、国際婦人年に向けた共同歩調を取ることとなり「国際婦人年連絡協議会」が四二団体によって設立された。全国団体の連絡会のほか、関西など地方の連絡会もつくられ、それぞれ政府や地方公共団体に女性政策の確立と充実を働きかけていった。

　女子差別撤廃条約への署名・批准、男女共同参画社会基本法の制定、あるいは政府の予算案を聞く会の開催、雇用機会均等法の制定・改正など、その時々にこうしたＮＧＯの動きは政治家へのロビーや要望の提出などを行ない、政治や行政に大きな影響を与えた。

さまざまなＮＧＯ

四回の世界女性会議と、これに並行して開かれたＮＧＯトリビューン、ＮＧＯフォーラムへの参加者が回を重ねるごとに人数的にも出身地域やテーマとしてみても増大・拡大し、会議前から国連や政府、自治体へロビー活動をしたり、フォローアップをしたり活動が多様化しかつ積極的になってきている。

　国連自体が政府間協議だけでは国益にとらわれて新しい方向性が打ち出せないとの反省から、ＮＧＯとの連携を強化し、各国政府にもＮＧＯとの対話、協力を呼びかけている。

　一九九五年の世界女性会議と並行して行なわれたＮＧＯフォーラムには国連により認証を受けた二〇〇〇を超えるＮＧＯが参加して、参加者は全体で約三万人に達した。日本からも各地域から約五〇〇〇人の女性が参加した。その後、この参加者が地方における女性活動の活性化を担うこととなった。

北京会議の終了後、北京におけるジャパンNGOコーカスへの参加者を中心に、継続的にロビーイングを行ない、政策提言をする北京JACが結成された。北京JACはこの行動綱領の政策実現を目標とし、特に重要なテーマとしては、第一には国内本部機構の確立、そして第二には「女性に対する暴力」撤廃実現のための法制化を掲げて活動する。また各地域に北京JACと連携して活動する地域コーカスが組織されている。これらの活動を担っているのは、地方自治体等の女性センターで学習し、活動経験を積んだ女性たちである。

私自身、総理府男女共同参画室長として、一九九四年に北京会議日本国内委員会を設置し、その中にNGO部会を設け、「NGOの意見を聞く会」の開催やニュースレターの発行、代表団へのNGOの今まで以上の登用等を進め、GOとNGOのパートナーシップを促進するよう努力した。これはその後、他の分野に広がった行政とNGOの協力の最初の試みだと思っている。今では当たり前だが、当時は勇気が必要な第一歩だった。当時NGOは政府を批判ばかりする団体だから、かかわりあいにならないようにと考える局が多かったが、私は当時からNGOと友好的に情報を共有して理解し応援してもらわなければ、弱小な総理府はいい仕事ができないと思っていた。それでもNGOからみて総理府は批判の対象だが、それでいいと覚悟していた。

このほか、JJネット（女性政策情報ネットワーク）、アジア女性資料センター、女性と健康ネットワーク等のNGOが提供する質の高い情報提供活動も活発に行なわれている。

えがりてネットワーク

内閣府では、民間団体との連携を促進するため男女共同参画推進連携会議（えがりてネットワーク）を置いている。これは有識者による企画委員会と、団体代表からなっており、官邸で年二～三回全体会を開催し、意見情報の交換を行なっている。

この会議に参加している団体は女性団体（ガールスカウト、大学婦人協会など）、全国団体の女性部会（ＪＡ女性協議会、日本女医会、女性法律家協会、女性税理士連盟など）のほか、市長会、国立大学協会、日本生活協同組合などの全国組織の代表など六五団体が加わっている。また、この連携会議の主催によって、ＮＧＯや有識者、全国の関係者に情報提供の会が必要に応じて開催されている。大企業経営者、団体トップ、マスコミトップの方々と官房長官の懇談会もえがりて企画委員会として開催した。

女子差別撤廃条約とＮＧＯ

ＮＧＯが力をつけてきたことを示したのは、女子差別撤廃条約日本審査である。日本レポートが第二九会期の女性差別撤廃委員会で審議されることが決まると、二〇〇二年一二月二三日にＪＮＮＣ（Japan NGO Network for CEDW）が結成され、二〇〇三年八月まで四六団体が加入した。ＪＮＮＣはまず二月の会期前作業部会に五団体が出席して意見交換をし、委員会から日本政府に当てた質問事項にＮＧＯとしての回答を行なった。また日本のＮＧＯレポートを集約してレポートを提出した。また衆参女性議員懇談会と協力して各省庁に説明を求めた。こうした活動はホームページやメーリングリストを通じて情報が共有・公開されていた。NGOの能力が高まっているのは女性の能力の上昇を反映している。

また七月の日本レポート審議の傍聴とロビーイングのためにJNNCから、一六団体五七名がニューヨークの国連本部に出かけた。第一回目の審査の際には日本人の傍聴はほとんどなく、第二回審査で個別のNGOが十数人参加したのに比べても格段の成熟ぶりである。男女共同参画のNGOは他の分野の業界団体のように行政から補助金や委託費を受けず、手弁当で自立して活動する。こうした行政との緊張関係が日本の女性行政を推進してきたといえるし、二一世紀の官と民の新しい関係がうまれている。

第10章　バックラッシュの嵐

1　男女共同参画社会基本法への批判

基本法が成立し、基本計画が策定され、東京都と埼玉県を皮切りに都道府県が男女共同参画基本条例や推進条例を策定しはじめた二〇〇〇年頃から、一部の新聞・雑誌で男女共同参画社会基本法に対する批判的な記事・論文が登場するようになった。たとえば「家族はもういらないのか」（二〇〇〇年三月号『正論』）、「フェミニズムにひた走る地方自治体の危機　男女共同参画なんてカルトじゃないか」（二〇〇〇年一二月号『正論』）、「二一世紀の日本の国家像を考える　日本の少子化現象」（二〇〇〇年一二月一四日『産経新聞』）などである。

批判の論点

それらの特集でくり返し強調されているのは、以下の論点である。

①男女共同参画基本法（共参法）には家族破壊というフェミニズムの害毒が内包されている。

②母性を否定し、専業主婦を軽侮し、一部の働く女性のための施策を進めようとしているのが男女共同参画である。

③男らしさ女らしさを否定するジェンダーフリーの思想は教育の上で有害であり、男性・女性という自我の確立を困難にする

④女性と男性の特性の差を否定し、男女の区別をなくすることは日本の伝統や文化を破壊するものだ

⑤性の自己決定（リプロダクトライト）はフリーセックスや妊娠中絶を増やす（産む産まないは私の勝手）

⑥思想信条の自由や表現の自由を抑える全体主義である。

このほか、フェミニストはマルクス主義者が姿を変えてもぐりこんでいるという奇妙な説もくり返されている。

参画局はこれらは男女共同参画に対する悪意ある誤解、曲解であり、反論すべきだと思ったけれども、相手は「個人」である。公人でなく個人がいろんな考えをもつのは「言論の自由」として尊重しなければならない。また法律・行政と道徳・美意識を混同し、論理が粗雑で証明できない感情的論議が多い。反論しても相手に名を売らせるだけでないか。マスコミで繰り返し発言するのは数

人にとどまっている。——と考えて直接反論はしなかった。しかし男女共同参画のイメージは傷つき、地方自治体の条例を審議する議会で、こうした論文を援用する議員もあって、無視できない影響が生じてきた。

そのため、基本問題専門調査会で、こうした批判に対する反論ができるよう有志委員からなるワーキンググループを立ちあげ、脳生理学、発達心理学、青少年犯罪などの分野の専門家からヒアリングをし、問題点の整理をはじめることにした。

なぜこの時期に批判が続出したのか

先に紹介したような批判は、女子差別撤廃条約の批准・男女雇用機会均等法成立の際にもみられたが、なぜこの時点で再び出てきたのか。私見だが、その理由は次の四点にある。

①理念法である男女共同参画基本法は伝統保守派にとって「害がない」と思われていたが、都道府県条例の制定などが相つぎ身近な現実の問題となってきた。

②共同参画局が「待機児童ゼロ作戦」を打ち出し選択的夫婦別氏制度を認めようという動きなど、伝統的家族を守りたいとする人々や一部の宗教団体が危機感を抱いた。

③少子化の進行、離婚の増大、失業率の上昇など、長期停滞感の中で漠然とした不安を抱いている人たちに、わかりやすい攻撃相手として、スケープゴートにされた。

④きわめて一部の不用意な論者による言説、あるいは十分親や関係者のコンセンサスを得ずに行なわれた教育現場の試みが警戒心や反発を呼んだ。

⑤乱暴な言葉づかいや特殊な服装の若い女性、男性が頼りなくなっているなどの変化に違和感をもつ一般の人々のばくぜんとした不安に形を与えた。
⑥女性たちの教育・政治・芸術などの分野での活動が目立ち、もうこれ以上女性の進出を助ける必要がないという気分をもつ人々がふえてきた。アメリカで保守的な気分が強まり、世界的に伝統を重んじ個人の人権が万能でないという気分が強くなった。

いずれにしても私たち男女共同参画行政は「男らしさ」「女らしさ」を否定し、男性と女性の区別をなくし、同一にするなどとは、基本法にも計画にもどこにも書いていない。それより、現実に能力を発揮できず、人権を侵害され差別され、抑圧されている女性がまだ多いという事実にどう対処するか、女性たちが能力と適性をもっと発揮するにはどうしたらいいかという課題に取り組み、女性の抱える問題を直視していくことに精一杯だった。行きすぎどころか、現実の厚い壁をどうのりこえるか、苦闘していたのである。第11章でみるとおり、日本の女性関係行政は差別撤廃委員会でもGEMでもまだまだ努力が足りないとされる。

それに対して、女子トイレ・男子トイレの表示を赤や黒で区別をなくするとか、男子学生、女子学生の更衣室の区別をなくする、身体検査を男女いっしょにするのが男女共同参画だという批判に驚くばかりだった。検証しようにも、批判しているご本人たちも伝聞によって知ったそうなので、そうした学校の具体名もわからない。そもそも性による差別や抑圧を排していくのと性の区別をなくするのはまったく違う。私自身つねづね女性が社会進出する意義は女性が男性と同じように働けるからではなく、違った働き方、価値観をもたらすからだと強調してきた。差があるからこそ違うからこそ進出する意義がある。

日本にかぎらず国際的な場でも女性が教育をうけ、経済力をつけて自立するのを好ましくない動きとみなし、伝統や文化や家族のまとまりをおびやかすものだと反対する人々はいる。確かに社会の変化がもたらす副産物である都市化、情報化、享楽主義の中には好ましくないものもあるが、変化を気にいらないとしてすべてを拒否しつづけることはできない。伝統といえば、男尊女卑の儒教思想は明治以前は一部の武家、上流階級だけに受けいれられていたにすぎず、日本の古代から中世まで、女性が財産権をもち、母系の絆は強かった。一六世紀の日本に来た宣教師は、中世ヨーロッパより日本の女性は自由だと驚いている。男は仕事、女は家事育児という性別役割分担が広く庶民層まで普及したのは高度経済成長時代だが、現在の経済情勢の中では、「夫の仕事」だけで一生家計を支えるのは難しくなっている。夫も妻も仕事・家事・育児を分担してリスクを分散し、家庭を支えなければ結婚をためらい出産をおそれる男女が増加し、その結果、家庭の基盤がゆらいでいる。だから男女共同参画を進め、結婚や出産のプレッシャーを少なくすることが必要だと私たちは考える。これを逆に男女共同参画が離婚を増やし少子化をもたらし、家庭基盤をゆるがすから反対だというのが批判する人々の考えである。現実の「家庭」はどんどん変化しているのに、古い家庭の「形」に固執しているから家庭そのものが機能しなくなるのだ。

2 「未来を育てる基本のき」

ところがそうした議論がまだ十分深まっていない段階で、二〇〇二年四月一一日、衆議院青少年問題に関する特別委員会で民主党（当時）の山谷えり子氏が福田官房長官へ突然質問された。文部科学省所管の財団法人が文部科学省の委嘱事業として発行した「未来を育てる基本のき」という冊子について所感を求めたのである。この冊子には「子育てはジェンダーフリーで」という観点から、「女らしさ」や「男らしさ」を押しつけるような子育てをしていないかと問いかけているところがある。その例として、女の子だったら、ピンクの産着、優しい愛らしい名前（美咲・さくら等）、節句祝い、ひな祭りのお雛様、プレゼントのおもちゃ、ままごとセット、お人形。男の子だったら、水色の産着、スケールの大きい、強そうな名前、ほめ言葉、たくましい元気な子、節句祝い、鯉のぼりと武者人形などの例があがっている。この冊子の趣旨は、私たちが日頃疑問をもたないであたりまえとしてきたことがらを、ジェンダーの視点で見直そうと提案しているものである。だが、こうした例すべてを否定していると誤解されたのは大変残念だった。否定ではなく、注意喚起という意味が伝わらなかった。

これに加え山谷氏はさらに教育現場で、男女混合の騎馬戦やかけっこ、制服も男女同じにしていこうとしているなどの極端な例をあげて、官房長官、男女共同参画大臣の感想を求めた。そうした極端な例に対して福田官房長官は「それはあまり賛成しません」と答弁した。そのやりとりが二日後の『産経新聞』の一面トップに「福田官房長官が不快感を表明」として紹介された。全国紙の一面トップに載るとその波及効果はきわめて大きく、私たちは自民党や各方面への説明に忙殺された。しかし、具体的にどの学校で行なわれているのかは、尋いてもわからなかった。

その後も厚生労働省所管の母子保健調査会発行の『思春期のためのラブ&ボディ』という雑誌が、中学生向けにしては性に関わるあまりにも生々しい情報をのせているとか、それをリプロダクティブヘルス／ライツと関連づけ「性の自己決定」という考え方は、女性がフリーセックス、そして安易に人工妊娠中絶に結びつくおそれがあるという短絡的な質問等が相次いだ。民主党の中でも山谷えり子氏など男女共同参画の推進に批判的な議員が、勉強会「健全な教育を考える会」をつくるという動きも出た。

3　都市の男女共同参画推進条例

二〇〇二年六月に制定された山口県宇部市の男女共同参画基本条例は「男らしさ女らしさを一方的に否定することなく」という文言をいれた形で制定され、共同参画のいきすぎを憂慮する人々から大歓迎された。宇部市は中国地方最初の男女共同参画宣言都市であり、二〇〇一年には宣言都市サミットも開催されている。宇部市も条例制定にあたって審議会の答申を得ていたが、反対する市民グループや市議会の意見を配慮して一部を変更、その意見を加えた案が執行部から提案され成立した。

変更点をあげてみよう。

①第二条定義で「自らの意志によって社会のあらゆる分野における活動に参画しかつ共に責任を担う」→「社会の様々な分野における活動に自らの意志によって参画」とする。

②基本理念として「男女の個人としての尊厳が重んぜられること、直接又は間接に性別による差別的取扱いを受けないこと、男女が個人として能力を発揮する機会が確保されること、その他の男女の人権が尊重されること」→「男女が、男らしさ女らしさを一方的に否定することなく男女の特性を認めあい、互いにその人格と役割を認めるとともに尊厳を重んじ合うこと、男女がその特性と能力を発揮する機会が確保されること、その他の男女の人格的平等が尊重されるよう努めること」

③「家族を構成する男女が、相互の協力と社会の支援の下に、子育て、家族の介護その他の家庭生活における活動及び就業その他の社会生活における活動に対等に参画」→「家族を構成する男女が、家庭尊重の精神に基づいた相互の努力と協力の下に、愛情豊かな子育て、家族の介護その他の様々な家庭生活の営みにおいて、すべからく家族の一員としての役割を円滑に果たしつつ、就業その他の社会生活における役割の重要性や子どもへの配慮を軽視することのないよう十分に留意すること」

④「生涯にわたる妊娠、出産その他の生殖に関する事項に関し、自らの決定が尊重されること及び健康な生活を営むことについて配慮されること」→「専業主婦を否定することなく、現実に家庭を支えている主婦を男女が互いに協力し、支援するよう配慮に努めること」などのようで

ある。

特に基本理念の「男らしさ女らしさを一方的に否定することなく男女の特性を認め合」うという文言、「専業主婦を否定することなく、現実に家庭を支えている主婦を男女が互いに協力し、支援するよう配慮に努めること」という文言が挿入され、一方「直接又は間接に性別による差別的取扱いを受けないこと」、「生涯にわたる妊娠、出産その他の生殖に関する事項に関し、自らの決定が尊重されること」という文言が削除されたことが大きな特徴である。この二つの文がその後多くの地方公共団体の条例制定過程の議論の的となっていく。男女共同参画について私たちは「男らしさ・女らしさ」を一方的に否定したことはないので「だれのことをいっているんだ」「わざわざなんでそんなことをいわねばならないのか」と疑問に感じた。いかにも誤解を招く表現に憂慮したが、この程度の文言では明確に法律に違反しているとまではいえないので黙認するほかなかった。いくつかの自治体の条例制定の過程で審議会（協議会）の意見や条例案について一般の意見を求める公聴会の場に反対派の人が多数出席しマイクを長時間占有する、署名を集めるといった動きもあり、男女共同参画に対する誤解もくりかえされることで、一般の人たちにマイナスイメージをもたれるようになってきた。

4　条例策定が進む

条例策定を審議する府県議会でも二〇〇二年頃からこうした質問が出るようになったが、条例づくりは徐々に進み、二〇〇四年四月現在にまだ条例をつくっていない県は千葉県だけである。千葉県では二〇〇二年九月県議会に提案された条例案に自民党千葉県連から四項目の修正要求が出された。堂本知事は二項目拒否して継続審議となり二〇〇三年四月には廃案となる。その際に問題となったのも「男女が互いの人格を尊重し、性別にかかわりなくその個性及び能力が十分に発揮することができるよう……」「性及び子を産み育てることについて理解を深め、自らの意思で決定できるよう性教育の充実及び促進……」などの「性別にかかわりなく」「自らの意思で決定」という文言だった。

こうした地方公共団体の条例制定に、男女共同参画局は残念ながら何も関与していない。まさしく地方自治の原則どおり専門的助言をするにとどまっている。

内閣府の副大臣だった亀井郁夫氏（男女共同参画担当ではなかった）および米田建三氏（男女共同参画担当）も男女共同参画のいきすぎ、を憂慮する立場で、特に米田副大臣は決裁の説明にいくたびに私たちとは大議論となった。反面、そうした立場の方に納得してもらうにはどのような論理が必要か勉強する機会ともなった。しかし副大臣の信念を変えることはできなかった。

その後も二〇〇二年七月衆議院決算行政監視委員会でやはり山谷氏が「政府は、家庭を解体したり、あるいは現行婚姻制度を根本的に改めようとしているのか」と質問し、官房長官が「男女共同参画基本法は家庭や家族を破壊するものではない。今後も守るべきものは守っていくことだと思う。少子高齢化、国際化など世の中も随分変わっており、いろいろなライフスタイルも存在してきている。そういう個々の生き方を否定するものであってもいけない。新しい生き方を認めることも大事なことであり、そのことが、社会をより活性化するのではないかと考えている」と答えるなどのやりとりがあった。これが良識的な考え方だと思う。

5　ジェンダーフリーという言葉

こうした国会の質疑がくり返されるなかで亀井郁夫参院議員（前内閣府副大臣）が、男女共同参画について政府の考えを総括的にただしたいと、二〇〇二年一一月一四日、参議院内閣委員会で質問された。あわせて国会の質疑を地方公共団体に周知するようにと重ねて要求があったので、それまでの国会の質疑の要旨を全都道府県に配布した。

私たちは官房長官も適切に答弁されたので、それを周知して誤解をときたいと思っていた。例えば、私の答弁を産経新聞が、「局長がジェンダーフリーを否定」という見出しで伝えていたので、その意図を正確に伝える必要があった。私の答弁は以下のようなものである。

①ジェンダーフリーという言葉は基本法や基本計画では使っていないので、局として公式に概念を示す立場にない。

②一部に男性と女性の区別をなくするんだ、画一的に扱うという意味でジェンダーフリーという言葉をつかっているので誤解を持たれている。

③男女共同参画社会はこのような（男女画一的な）ジェンダーフリーをめざしているのではなく、基本法のとおり、性別にかかわりなく、その個性と能力を十分に発揮する社会をめざしている。

もし私が安全志向の公務員だったら①でつきはなして②や③のことには言及しなかったと思う。特に、批判派の論者が「画一的に男女の違いを一切排除するという意味で、ジェンダーフリーという言葉をつかっている」ので誤解を招いていると言及したところに私の真意をこめたつもりである。私の意図としては、スローガンとして、バリアフリー（障害のない街づくり）、エイジフリー（年齢差別をしない）という言葉と同様ジェンダーフリーという言葉を使う人々は、男女の差をすべてなくせといっているわけではなく、差別をなくそうという意味で使っている。しかし現実には「ジェンダーフリーは性別の否定」というレッテルはりが進行している。誤解を招かないため、ジェンダーフリーという言葉を使う際は、差別をなくする、抑圧をなくする、機会を平等にといった意味で使うと明確に定義した上で使った方が安全というのが私の状況判断だった。しかし、この真意が十分に伝わらず、自治体から「ジェンダーフリーという言葉をつかってはいけないのか」という質問が相ついだので、私は隔週で発信していた『男女共同参画メール』三四号（二〇〇三年三月七日）で定義を明確にして使ってほしいと訴えた。

『産経新聞』は二〇〇三年に入っても「中絶容認広がる懸念」「はき違えた平等」（二月一七日）の記事や社説「問題はらむ条例を見直せ」「表現の自由侵害も」（二月二六日）、「男女共同参画条例行き過ぎに『待った』」（二月二八日）、「女の子は女の子らしく育てよう」（三月三日）、「過剰性差否定に一線」（三月四日）などを次々と掲載した。そしてそれに基づく国会質問が山谷氏から再び出された。

私たちは「条例の「性と生殖に関する健康と権利」に関する規定は母体保護法や刑法の枠内で、

自らの決定を尊重するものである。岡山県新見市の「個性的な役割分担を助長し連想させる表現を行ってはならない」とする規定は「表現の自由」制限の可能性がある」に対しては、基本理念を定めたものであり、特定の行為を罰則を伴う形で禁止するもので、憲法上の問題が生じるとはいえない、という反論を用意し、国会答弁にもこの線で回答した。

国会では、その後も山谷えり子氏、西村真悟氏、そして田嶋陽子氏からは逆の趣旨の質疑があった。

今にしてみると全会一致で基本法に賛成した議員からこうした質問が出てくるのは不思議であるが、改めて私たちのスタンスを確認することができるので、これらは決して悪いことばかりではなかったと言える。しかし、この問題にあまり関心のなかった多くの一般の方たちに「男女共同参画というのは、そんなにひどいことなのか」という悪い印象を与えたのは残念である。また、市町村等これから条例をつくろうとする自治体をおじけつかせたのではないかと懸念される。

6　局としての基本的考え

基本問題専門調査会でもこうした批判にこたえるため論点を整理する必要があるということになり、事務局の方で想定問答を用意し、さらに脳生理学、幼児教育、青少年犯罪等の専門家の話をきき、調査会の中から四人の委員たちに議論を重ねてもらった。その成果を基本問題専門調査会に報告するとともに、条例づくりに際して議員や市民から各種の疑問・批判をうける地方公共団体の担当者の参考のため送付した（参考「男女共同参画の基本的考え方」）。

男女共同参画審議会の「男女共同参画ビジョン」の議論の中で、ジェンダーに対するスタンスとして三つの案が示され、「男女の特性、すなわち生物学的機能の性差に由来する社会的役割の違いを前提とせずに男女平等の実現をめざす立場で、ジェンダーからの解放、ジェンダーフリーを志向する方向性である」と説明された案が了承されたと議事録に記載されている。

しかしビジョンの最終報告では、「男女共同参画の基本的な考え方」の中で、「この答申は、女性と男性が、社会的、文化的に形成された性別（ジェンダー）に縛られず、各人の個性に基づいて共同参画する社会の実現を目指すものである」と記述されており、上述の表現とは異なる。ビジョンのジェンダーに関する考え方がそのままプランに引き継がれているかは関係者により見解が異なるが、結論からいえば、審議会においてもジェンダーという言葉について全員が十分に納得するまでつめた議論はされていない。行政も「具体的にどうした施策を行なうか、システムをつくるか」に重点をおいており、「ジェンダー」という専門家の間でも定義が定まっていない言葉は基本法では使われていない。

「ジェンダー」とは生物学的な性別を示す言葉である「セックス」と異なり、社会的・文化的に形成された性別を示す言葉とされる。英語としても一九七〇年頃から一部の社会学者が使いはじめ、八〇年代に入りフランスの社会学者、クリスティーヌ・デルフィが男女の差異（gender difference）という概念を提示し、両者間に権力関係が組みこまれていると主張した。日本でも大澤眞理氏、上野千鶴子氏らによってこうした概念が紹介された。アカデミックな世界では社会分析の有効な視点とされるように評価されているが、一般にはなじみのない専門用語である。

国連文書では九〇年代にはいってから使われはじめており（gender gap, gender discrimination, gender mainstreaming）、国連女性の地位委員会の文書でも使用されている。国の行政としては使用していないが、地方自治体、地方自治体の広報などではかなり使用されている。

ジェンダーという言葉は、日本語としてまだ成熟した言葉でなく、定着していないからいろいろな誤解・曲解が行なわれ、基礎知識や経緯を知らない一般の人に「男女共同参画とはそんな極端なことだったのか」と受けとめられてしまっている。今必要なのは社会学者、一部の専門家、理論家の精緻な議論、純粋に論理的な整合性ではない。それより地方公共団体の担当者や男女共同参画センターの担当者や実務家、あるいは一般の市民の日常的な疑問に答えることである。特に政治家には時には市民の中にも、ジェンダーフリー、あるいはジェンダーという言葉そのものを嫌悪する人もいる。その人たちの誤解をとく必要があるので「基本的考え方」をまとめたのだが、それでも私からみてまだ言葉が硬いので、少しアレンジして紹介する。

7　男らしさ・女らしさ

まず保守的な人々がこだわる「男らしさ」「女らしさ」であるが、この言葉が表す特性は文化や時代によって異なる。『源氏物語』の頃は男性も涙し感情豊かに描かれているし、『平家物語』には女武者も登場する。文化人類学者のマーガレット・ミードはニューギニア地域の三つの社会集団を紹介し、女性の役割や男性の役割が文化や社会によって作られたものであるとした。

また男性と女性は体力で差があるといわれるが、反証は多々ある。たとえば女子マラソンは今ではオリンピック人気種目である。しかし、長い間マラソンは女性には体力的に無理と考えられ、ボストン・マラソンも参加者を男性に限定していた。一九六六年にロベルタ・ギブが男装してフルマラソンを走るなどの事例があり、一九七一年にニューヨーク・マラソンに、一九七二年にボストン・マラソンに女性の部が設けられたという歴史がある。平均値では男性の方が体力は強いだろうが、個人差は大きい。高橋尚子選手より早く走れる男性はそう多くないだろう。

今まで社会は人間の持つ多様な特性を「男らしさ」「女らしさ」と分け、男に生まれたものは「男らしく」、女に生まれたものは「女らしく」、それぞれに「らしさ」を身につけた男女になることを促してきた。これまでの基準では男らしくない、女らしくないと抑圧され矯正されがちだった特性もその個人の特性、個性として尊重していこうというのが男女共同参画の考え方である。

8　問と答

このほかよく聞かれる質問とその答えのエッセンスを、私なりにわかりやすく示したい。

問　男女共同参画は、男女に差があることを認めず人間を中性化するという考え方ではないか。

答　生物学的には男女の特徴があるのは当然である。男女の生物学的特徴といわれるものは、生殖機能や内分泌調節の相違として現れる。この相違の背景には脳の構造と機能の相違がある。高度の能力のなかでも空間把握能力は男性の方が平均的にはすぐれており、言語能力は女性の方が平均的には優れているが、この高度なレベルになると個人としての差は大きく、一人一人の個性や能力は多様である。また現代社会では生物学的特徴が及ぼす影響よりも、環境や学習による社会的、文化的影響が大きい。

問　男女共同参画は「男らしさ」「女らしさ」を否定し、人間の良い特性を失わせる考え方ではないか。

答　決断力、責任感がある、論理的判断ができるなどは「男らしさ」を示す特性、優しいこと、思いやりや豊かな感情は「女らしさ」を示す特性とみなされている。しかし、こうした良い特性は男女をとわず備えたほうがいいし、現に優れた男性は「男らしい」決断力や責任感だけでなく、人に対する思いやりや細やかさをもっている。優れた女性は「女らしく」優しいと同時に勇気や決断力をもっていることが多い。

人間として良い特性は男女をとわず必要であり、大事にすべきで、この分類から逸脱する人に差別的取扱いをしてはいけない。もっとも従来から使われている表現では、男性に関する言葉は「雄々しい」「りりしい」「たくましい」などプラスイメージのものが、女性に関する言葉としては「女々しい」などマイナスイメージのものが使われる傾向がある。

問　親が自分の子どもに男らしく、女らしくしつけることさえ問題があるのか。

答　親が自分の信念に基づき子どもを養育するのは親の責任であり、権利である。しかし男の子でも乱暴だとか人に対する思いやりがない行動を大目にみてはいけないし、女の子でも優柔不断だったり感情をコントロールできないのは望ましくない。もちろん女の子が乱暴な言行、男の子が優柔不断なのは好ましくない。その子の特性をすべて個性尊重として野ばなしに放任するのではなく、良き徳性を身につけるよう親は教育しなければならない。

また現在の社会では一般的な「男らしさ」「女らしさ」に過度にとらわれるとその子の将来の可能性を狭めることにもなる。男女を問わず、その子どもの可能性を最大限にひき出すのが親の愛情である（もっともこれは卵と鶏の関係で多くの親は「女らしい女の子」の方が男性から愛され、周囲に好感をもたれるから本人のタメになると考え、女の子の努力が将来職業や社会的に正当に評価されると思わないから、女の子の努力を奨励しないのである。社会環境を変えることで、かなり変わるはずである）。

問　男の子は黒や青、女の子は赤やピンク、男はズボン、女はスカートを否定するのが男女共同参画か。

答　服装や色の好みは個人にまかせればよい。男だから黒ときめつけるのが間違っているように、女はピンクや赤はダメというのも押しつけである。昔ならば奇異だった黒の衣服の女性、長髪の男性、赤いシャツの男性はめずらしくないし、今や女性のパンツ姿もあたりまえになっているように「男らしさ」「女らしさ」の装いは時代によって変わっていく。

問　男女共同参画社会は、従来の日本の家族を不安定にし、離婚を増やし家族の絆を弱くするのではないか。

答　貧しい時代には、家族は個人の尊重など主張するゆとりはなく、家族が必死に助けあわねば生きていけなかった。家族のために自己犠牲も厭わない母親や家族を守る責任感の強い家長に対するノスタルジアをもつ人々も多いが、当時も専制的家長に苦しんだ悲劇もあった。家族のあり方は豊かさの中で変化してきている。家族一人一人が尊重され協力しあうのが男女共同参画である。

離婚も確かに増加している。その原因は性格の不一致、異性関係、暴力、精神的虐待また対人間関係、対社会関係において未熟で自立できていない男女が増加していることも原因であり、男女共同参画が直接離婚の原因とは言えない。

夫との間に深刻な問題があっても世間体や経済的自立の見通しがなかったり、子どもへの影響を考えて耐えていかざるを得なかった女性たちが離婚という最後の選択肢をもつのは当然である。しかし、たとえ暴力をうけても裏切られても離婚すべきではないと考える人々もおり、その人たちが男女共同参画は家族を破壊すると批判している。確かに離婚によって子どもたちは傷つき、経済的にも社会的にも不利になりやすいので安易な離婚はするべきではないし、ある時期にはがまんできなかった相手が、また受容できるようになることもあるので慎重な対処は必要である。しかし日本でも大阪府知事の太田房江氏や小泉首相のように離婚が政治家にはマイナスにならなくなってきた。

問　女性も男性も社会に出て仕事に時間とエネルギーを割くようになると、子どもの健全な成長に支障が出るのではないか。乳幼児期には母親が全面的に責任をもって育てるほうが子どもにとって好ましいのではないか。

答　子どもの健全な成長のために最も重要なのは養育の質である。養育の質（child care quality）とは、家庭の内外で養育者（親とは限らない）によって供給される保育の質的側面の総称で、子どもを安心させ愛情を感じさせるような温かさや、子どもの行動に共感し細やかに反応する「感受性」、子どもの発達を刺激するような「働きかけ」などが挙げられている。母親だけが育児に二四時間専念するのもいいがその母親が孤立し支援が得られなければ養育の質は低下する。ストレスが大きくなったり、母子密着、過保護、あるいは逆に児童虐待という問題が生じることもある。母親のみが育児を一手に担う仕組みを変え、父親をはじめとした家族・親族・地域など周囲の人間が育児に携わる地域こぞって子育てをする環境が必要である。

私自身も痛感したことだが、母親も父親と同じように長時間働き、そのうえ育児への社会や親族の支援が十分でないならば、養育の質を確保するのは難しい。男女ともに育児休業制度が利用できるように、できれば三年の育児休業、男女ともに仕事と家庭の両立が可能となるような勤務時間・勤務形態の弾力化や、職場の意識改革を進めることが重要である。

子どもの健全な成長のためには、このように社会全体の支援が必要であり、政府としても仕事と子育ての両立支援策を推進していかねばならない。

問　女性の社会進出が進むことによって少年犯罪はますます増加するのではないか。

答　刑法犯少年の検挙人数、人口比はその時々の社会情勢を反映して増減を繰り返してきた。近年特に少年犯罪が増加しているとはいえない。青少年犯罪をはじめとする青少年をめぐる問題は、社会風潮や社会状況、都市化、情報化など、家庭、地域社会等広範な領域のさまざまな要因が相互にからみあっている。

女性の社会進出も社会情勢の変化の一つであり、都市化、核家族化、少子化、地域社会とのつながりの希薄化、父親の家庭不在、子どもの趣味の変化、情報化の急速な進展、社会の変化のスピードが速いこと、子どもが直接ふれあう人が少なくなり、世代間での共通の話題の減少など、そうした要因のすべてが青少年犯罪に影響している。

いきすぎへの批判

このように国会答弁や基本的考え方を出したその後も、マスコミに批判的な言説は時折現れ、地方自治体の条例づくりに当たって、批判的なグループの活動が続いている。男女共同参画推進派の議論はマスコミにとりあげられることが少ない。

しかし彼らとて「男女共同参画」の行きすぎは批判しているが、「男女共同参画」そのものを批判することはしない。男女共同参画は時代が必要としている課題であり、批判はあっても、この流れを逆流させることはできない。国際的流れは男女共同参画にむかっている。

また二〇〇三年一一月の総選挙によって男女共同参画に批判的言動をしていた国会議員が落選し、私が局長を退いてのち今まで（二〇〇四年四月末）は、国会で男女共同参画批判は行なわれていない。選挙の威力は大きいのである。

第11章　『男女共同参画白書』が伝えようとしたこと

1　婦人白書から男女共同参画白書へ

女性のおかれた現状を正確に把握することはすべての施策を行なう基礎となり、客観的なデータは一〇〇万の言葉以上に、女性たちのおかれた問題点をうかびあがらせる。

私は一九七八年一月に「婦人の現状と施策―第一回国内行動計画報告書」を執筆し編集する機会に恵まれた。七三年から青少年対策本部で『青少年白書』を四回書いていた経験があったので、その経験が買われたのだろう。

第一回目というのは、構成、分担、編集方針などお手本がなくて何から手をつけるか、何を書くか、ゼロから考えなければならない。そのかわり既定のやり方にとらわれず自由に書くことができるので、やりがいがあった。また当時は女性のおかれた状況を総合的にとらえた政府の文書がなかったこともあって「初の婦人白書」として注目された。私も後世、婦人行政がどれだけ進んだか比較される基準になる白書を書くのだという意気込みでのぞんだ。しかし、原案は各省折衝の中でズタズタに修正されてしまった。私はそのフラストレーションから自分の名前で最初の本『女性は挑戦する』（主婦の友社、一九七八年）を書くことになった。

しかしその婦人白書の「格」は、国民生活白書などと同様、閣議で了承し国会に報告することを義務づけられた正式の「法定白書」ではない、いわゆる通称白書であった。婦人問題担当室自体が正式の組織ではなかった当時としては当然だろう。

その後も『婦人の現状と施策』（一九七八年から）、『女性の現状と施策』（一九九三年から）と名前を変えながら二〜三年に一度（後には毎年）発行されている。

白書を作る

男女共同参画社会基本法第一二条で「政府は、毎年前項の報告に係る男女共同参画社会の形成の状況を考慮して講じた男女共同参画社会の形成の促進に関する施策について報告を提出しなければならない」と定められ、平成十一年度版から年次報告書は毎年国会に提出する正式の白書に格上げされた。したがって、発表の時期も、毎年の通常国会の末期の六月中旬、男女共同参画週間が始まる前と自動的に決まる。通常国会の末期は毎閣議ごとに各府省からの白書が報告されるので、二〜三ヵ月前から日程を確保しておかなければならない。その時期は白書の刊行が続くので、マスコミはそれほど興味を示さないし、話題性のあるイベントとタイミングを合わせることができなくなったのは残念だが、格は上昇し権威が高くなった。

年間のスケジュールも発表日から逆算する。九、一〇月はテーマを検討し構想を練る。この間に外部の有識者の話を聞いたり、材料となる調査やデータを集め、一一月には内部でほぼ構想を決定し、素案づくりにとりかかる。

法律で報告を義務づけられているのは、その年度に行なった施策と次の年度で行なう施策の報告である。II部およびIII部に当たるが、それは基本計画に沿って各府省で分担執筆してもらう。男女局としてはいつまでに、どれだけの量を書いてほしいか各省庁に依頼する。各省庁も中には熱心に自分たちの施策を丁寧に新たに書いてくるところもあれば、昨年分と同じ文章で数字や固有名詞を変えただけというところもある。バランスをとって削除を頼んだり、抜けている重要施策を紹介するようたのんだり、施策部分の編集作業はかなり手間暇がかかる。しかし何といっても局としての創意工夫は、特集に当たる《第一部　男女共同参画社会の形成の状況》の部分で発揮される。特集テーマを決め、構想を練る準備段階が勝負である。

『平成十二年度版白書』のように、検討段階で十分な時間をさけなかった年もあるが、『十五年度版白書』のように二年がかりで各国の制度調査や国際比較の意識調査も行ない、十分すぎるほど十分な材料をもって構想できた場合もある。

他の府省の多くが一〇人、場合によって三〇〜四〇人のチームで書かれるのに対し、男女局の白書班は三人とアルバイトの女性である。それを他の係も分担しサポートする。それでも私が第一回の婦人白書を書いた時は私とアルバイトの女性一人だったのに比べれば充実している。

構想と構成案がほぼ固まったところで、材料を集めながら執筆にとりかかる。

白書ができるまで

一二月、一月に白書班の補佐、係長、係員が第一次原稿を書きこむ。その間、課長からいろいろ注文がつき、その上で局長・審議官のところまであがってくる。さらに局内の案が定まったところで、官房総務課、大臣官房長、事務次官にあげる。それぞれのレベルで出される意見を案に反映させ修文をする場合もあれば、担当者が執筆の意図を説明して了解をもらい原文のまま通る場合もある。私は自分が白書を書いた経験から、担当者が一番よく情報を知り、なぜこう書かざるを得ないか理由があると思っているが、時には彼らが気がつかないこと、少し強く断定しすぎているところを指摘したり、「こういうデータはないか」「こう加工できないか」と注文をつけることもあった。

局長はできあがってしまった案に細かくああしろ、こうしろと意見を言うようでは失格である。まだ構想を練っている段階で、自分の意図、問題意識を折にふれ担当者に言っておくべきである。そうすれば部下たちはその方向で情報を集め、作業を積みあげてくれる。それは白書に限らず、いろいろな計画や報告書も同じである。報告、連絡、相談の「報連相」は部下より上司が心がけるべきことである。

白書は、基本的統計、参考資料を合わせると、A4判で約二六〇頁とかなり大部なものになる。なんとか三〇〇頁以内にしないと大きすぎて読む人がいなくなるので、圧縮に努める。このほか内閣府幹部や外部の方に説明するために、約三〇頁あまりの小冊子の概要を作成する。序説、第一部を中心に、強調したい部分、面白い部分をとりだすので「本文を読まなくてもいい」「本文よりわかりやすい」という声もある。さらに簡単なアウトラインを書いたA4判2枚程度のペーパーもつくる。その校正等も含め二月から四月まで、白書班は連日深夜まで残業が続く。

白書決定までの動き

内閣府の部内案が決定した後は、与党の了解を取らなければならない。

第一回の白書の時も室長をしていた頃も、国会報告を義務づけられていなかったこともあり、最終的にまとまったものについてだけ説明していたが、最近ではスケルトンの段階でも一応与党の了承を得て、その上でさらに完成版についても説明するようになった。行政は公務員だけで進めるのではなく、政治の意向を十分とりいれて行なわなければならないという社会全般の雰囲気と、男女共同参画白書の格があがったという要因が相まった変化である。五月連休明けから、六月初めにかけて、政府与党の党内手続きをする。自民党の場合、内閣部会、政務調査会、総務会の了承をとる。事前に有力議員、関係議員に管理職総出で個別に説明をした上でのぞむのだが、白書と直接関係のない男女共同参画関係のいろいろな自論・自説を強調される方もあり、説明する局長として緊張することも多かった。一方、野田聖子議員の助言で白書にCD－ROMを付録でつけることになるなど、建設的な提案をいただく場合もある。

2 『平成十二年度年次報告書』（二〇〇一年六月公表）

二〇〇一年六月に発表した「平成十二年度男女共同参画社会の形成の状況に関する年次報告」は、その点で異例のスケジュールだった。二〇〇一年一月に局が発足したが、一二月半ばまで、男女共同参画室は男女共同参画基本計画策定に忙殺されていたこともあり、白書の構想、テーマが検討されていなかった。

担当者は「もう時間切れなので、特集やテーマを設けることなく、現状を淡々と紹介すればよい」という意見である。確かに時間の制約、人手の制約は大きいが、局がスタートした第一回の白書が特集なしというのは寂しすぎる。そこで私が自ら筆をとって新たに序説を加えて冒頭におき、男女共同参画社会の意義、局スタートまでの経緯について書きおろした（局長が書いたものを部下が訂正するのは難しいから普通はこんなことをしない）。

私がいろいろな場で強調してきた次の三点を強調し、その上で男女共同参画局設置までの行政の取り組みを紹介した。①歴史的にみて日本の女性は他国以上に文化的にも経済的にも大きな役割を果たしてきた、②今後の少子高齢社会において、単に労働力が減少するからその数を補うためでなく、新たな発想、能力を持つ多様性を富ませるとして女性の活躍が期待される、③現実には女性は十分能力を発揮する機会を与えられておらず、特に政策決定の場には女性が十分入っていないので、男女共同参画を進めていかなければならない。

特に私が力を入れたのは、男尊女卑を日本の伝統と考え、男女の役割分担は長い歴史があるように信じている人の誤解をとくことである。砂漠などのきびしい環境のアラブやユダヤの一神教の社会や大規模な治水工事を必要とした中国の社会と異なり、日本は恵まれた自然の中で長い採集栽培と狩猟・漁撈を組み合わせてきた。子どもたちが母親とその親族の下で育つ妻問い婚は平安時代半ばまで一般的で、家・屋敷も娘が相続していた。七、八世紀には女性天皇が輩出していたのを見ても、日本の「伝統」の中では女性の地位は低くなかった。武士階級に儒教が広まり、江戸時代の固定的な社会の中で女性の地位は低下する。とりわけ二〇世紀後半になって、高度経済成長の中で、男は家庭を離れて仕事をし、女性は育児や家事に専ら従事して、性別役割分業社会が確立する。長い日本の歴史の中ではほんの短い時期の慣行を伝統と誤解してほしくなかった。白書に珍しく歴史的な例に言及しているのはそのためである。

第一部は「男女共同参画社会形成の状況」として、第一章　政策・方針決定過程への女性の参画、第二章　就業の分野における男女の共同参画、第三章　男女の職業生活と家庭、地域生活の両立、第四章　高齢男女の暮らし、第五章　女性に対する暴力、第六章　生涯を通じた女性の健康、第七章　メディアにおける女性の人権、第八章　男女共同参画を推進する教育・学習について述べている。

女性をとりまく現状については基本的事項を必ず毎年掲載し、その上で、その年の関心の高いものを加えるという方式とした。たとえば第一章の国会議員数・比率の推移、第二章の年齢別就業率、第三章の出生率、第八章の進学率などは毎年掲載する。その上で、その年に特徴のあるデータを加

給与階級別給与所得者の構成比

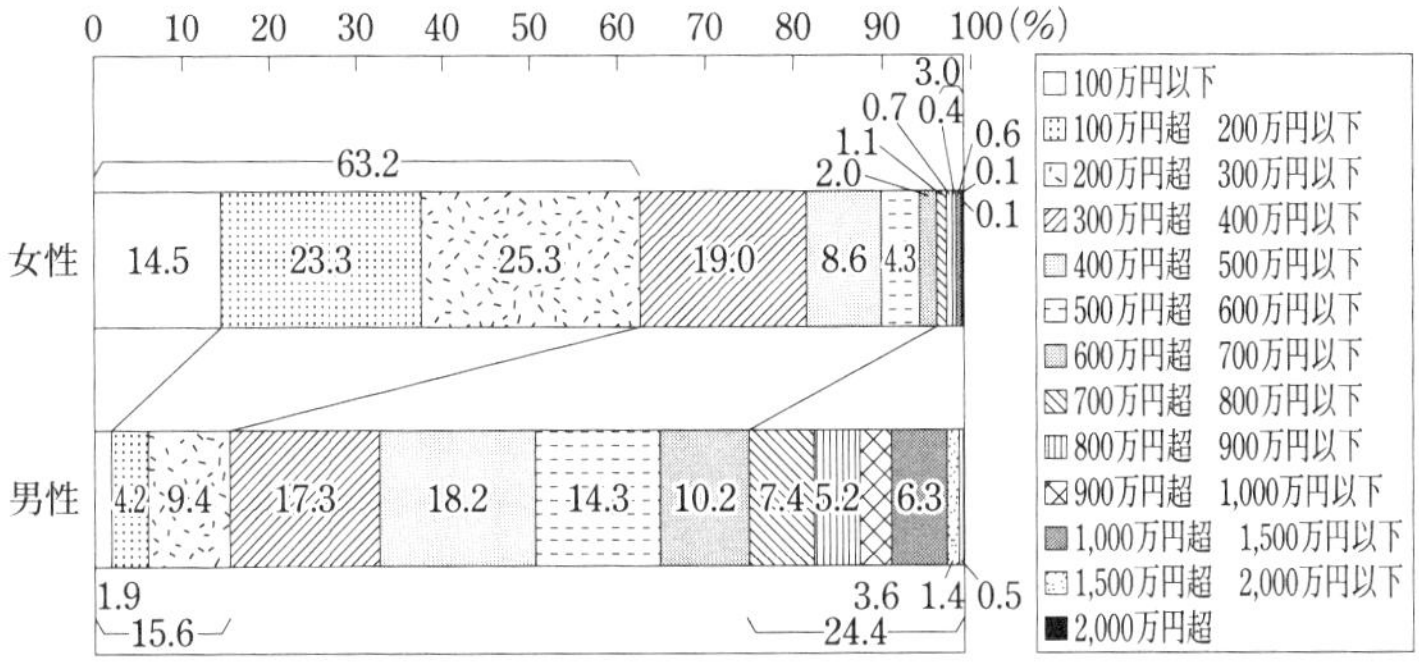

資料出所：国税庁「民間給与実態統計調査」(平成11年)

える。

たとえば二〇〇〇年は司法試験合格者のうち、女性の割合が二七・二%だったので司法分野における女性の進出について書くとか、第三章の雇用の分野では、非正社員の増加や就業形態の多様化については新しい調査等も行なわれていたのでかなり詳しく書きこんだ。

私の問題意識として、女性と男性の経済力の格差は一般には所定内賃金で比較されている。所定内賃金でも、日本は六五%〜六六%と先進諸国に比べて格差は大きいが、実感としてはもっと差は大きい。かねてから民間企業の男女の所得と処遇の格差が大きいと感じていたので、この白書では、従来の労働省の賃金実態調査に換えて、国税庁の「民間給与実態統計調査」を掲載した。これは民間企業の正社員もパートタイム社員もカバーされているし、残業手当や特別賞与なども全部合わせて男女の経済力を把握するのにぴったりの統計である。

これによって、女性の六三%が年収三〇〇万円以下、年収七〇〇万円以上は三%という実態が見えてきた。ちなみに男性は七〇〇万円以上が二四・四％、三〇〇万円以下は一五・六％である。女性の約半数が、パート、派遣社員などとして働いていることが、こういう数字に反映されている。就業形態が多様化すること自体は選択肢が増加して女性にとっていいことであるはずだが、非正社員の処遇が低すぎるので女性たちの実質的な選択の幅は広がっていないことがデータから見えてくる。

女性に対する暴力・高齢女性

このほか、配偶者からの暴力について国際的にも関心が高まっており、白書を書いている最中に「配偶者からの暴力の防止と被害者の支援に関する法律」（配偶者暴力防止法）が成立した。「男女共同参画社会に関する世論調査」（二〇〇〇年）や「男女間における暴力に関する調査」（一九九九年）のような内閣府の調査、警察庁の調査なども行なわれたので、この分野についてはかなり書きこむことができた。

売買春、性犯罪、セクシュアル・ハラスメントなど女性に対する暴力についての認識の深まりが、統計の充実にも結びついている。しかし「女性の生涯を通じた健康」「メディア」については、データや調査の蓄積も少なく、書きこめなかったので今後の検討すべき課題である。

また、「高齢者等が安心して暮らせる条件の整備」という基本計画の中の一項に対応して「高齢者の暮らし」の章を設けてある。①日本では女性の方が長寿なため高齢になるほど女性の割合が高く、有病率、介護度とも高い、②配偶者に死別した後、家族との関係や経済で問題に直面するということを示す統計データ、調査等はたくさんある。そのうちに『男女共同参画白書』で『高齢者白書』や『国民生活白書』と別の視点で特集テーマの一つとして高齢女性の生活を分析しようと思いながら果たせなかった。年金制度における女性の位置づけについても、実態把握のためにも将来特集などでとりあげるべきテーマである。

このような思いをこめて二〇〇一年六月、『男女共同参画白書』は閣議を経て国会に提出された。白書はただちに財務省印刷局から市販される。男女共同参画週間のポスターをそのまま表紙に採用して経費の削減とメディアミックスによるアピールの徹底を図った。

3　『平成十三年度男女共同参画白書』と地方の状況

二〇〇二年六月に国会に提出した「平成十三年度男女共同参画社会の形成の状況に関する年次報告書」は、本来のスケジュールどおり二〇〇一年秋から検討を開始した。白書班から出てきた特集テーマ案は、都道府県別の比較である。男女共同参画に関する条例が二〇〇二年三月現在三五都道府県、五政令指定都市、五六市区町において制定され、基本計画も全都道府県で策定されていた。地方はかなり動きはじめているが、しかし市町村レベルになると地域による差は大きく、男女共同参画の状況も地域によるバラつきは大きい。各地域の状況を明らかに公表することで各地域によい意味での競争をもたらすことも期待した。

地方の動き

地方議会における女性議員比率、女性管理職比率、女性地方公務員採用比率、女性審議会等委員比率など予想どおり大都市圏が高いが、地域の間でもその差は大きい。行政の姿勢だけでなく、民意のあり方が反映して女性の政策決定への参画状況は地域によって異なり、それとともに基本計画の策定状況も異なっている。女性議員の多くは、男女共同参画行政に対して関心をもち、その推進役を担っているから女性議員の多い地方公共団体は基本計画策定の比率が高い（これは国会でも同様で、女性議員の活動は行政の推進役となる）。

管理職については地方公共団体、民間企業、いずれにおいても増加傾向にあるが、一三年度で四・三％（都道府県）、三・六％（民間企業課長）と依然として低い。その理由として「必要な知識・経験、判断力を有する女性が少ない」「勤続年数が少ない」等の理由があがっている。しかし勤続年数に関していえば、大都市圏よりも地方の方が勤続年数は長い。富山県、岩手県のような地域では、出産・育児期にも就業を続けている。その理由としては、親、親族などの育児援助が得やすい、通勤時間が短い、残業の少ない出先機関等が多いなどが考えられる。私は工業化以前の農業社会では男女とも働くのがあたりまえだった「伝統」が生きている影響もあると考えている。むしろ大都市周辺の埼玉のような戦後型核家族の多い地域が、女性が育児期に勤続するのが一番困難となっている。もちろん保育所利用率と共働き率も相関が高いが、行政だけでなく親族、家族や地域全体が子育てにどう関わるかの影響は大きい。しかし勤続できる女性は多くても登用は進んでいないということは、地方の大きな課題・問題である。ファミリーフレンドリーだが、男女共同参画でないということである。

『十三年度白書』のもう一つの大発見は、地方圏における女性の専門技術職の割合が高いことである。なかでも教員、看護婦、社会福祉専門職などの職種に就く女性の割合が高い。東京都、神奈川県、京都府、大阪府、奈良県などは男女とも専門技術職の割合が高いが、内訳をみると科学研究者、技術者、法務従事者（弁護士等）、経営専門従事者（公認会計士等）などビジネス関連の専門職の割合が高い。一方、地方圏、たとえば高知県、熊本県など九州、四国地方、山口、山形、岩手などの県では、女性が専門職に就く割合が高いが、その内訳をみると教育、福祉、医療関係従事者が多い。

これらの職の多くは、地方公務員か団体職員で、税や医療保険や介護保険から彼女たちの給与はまかなわれている。全国の国民の払う税金や社会保険料が地方で福祉、教育に従事する女性たちの職業を支え、家計を支えている。

こうしたデータから、地方に生まれ育った女性が地元の大学・短大・専修学校等に親元から通学し、専門的資格を身につけ、結婚・出産後も周囲に支えられながら職業をもち続けるという姿が見えてくる。これは、二一世紀の新しい所得再配分の形であり、地方経済を維持していく形ではなかろうか。言葉をかえていえばこれは二一世紀の公共事業である。二〇世紀の公共事業が治山・治水や道路、橋、公共建設に向けられ、地方の社会資本整備を進めるとともに建設・土木関係の男性たちに就業機会を提供してきた。しかし、二一世紀の公共事業は、次の世代を育て、引退世代の世話をし、健康を維持するという人間の生活の質の維持、ソフト産業に向けられ、教育・医療・福祉の

都道府県別専門的・技術的職業従事者の内訳

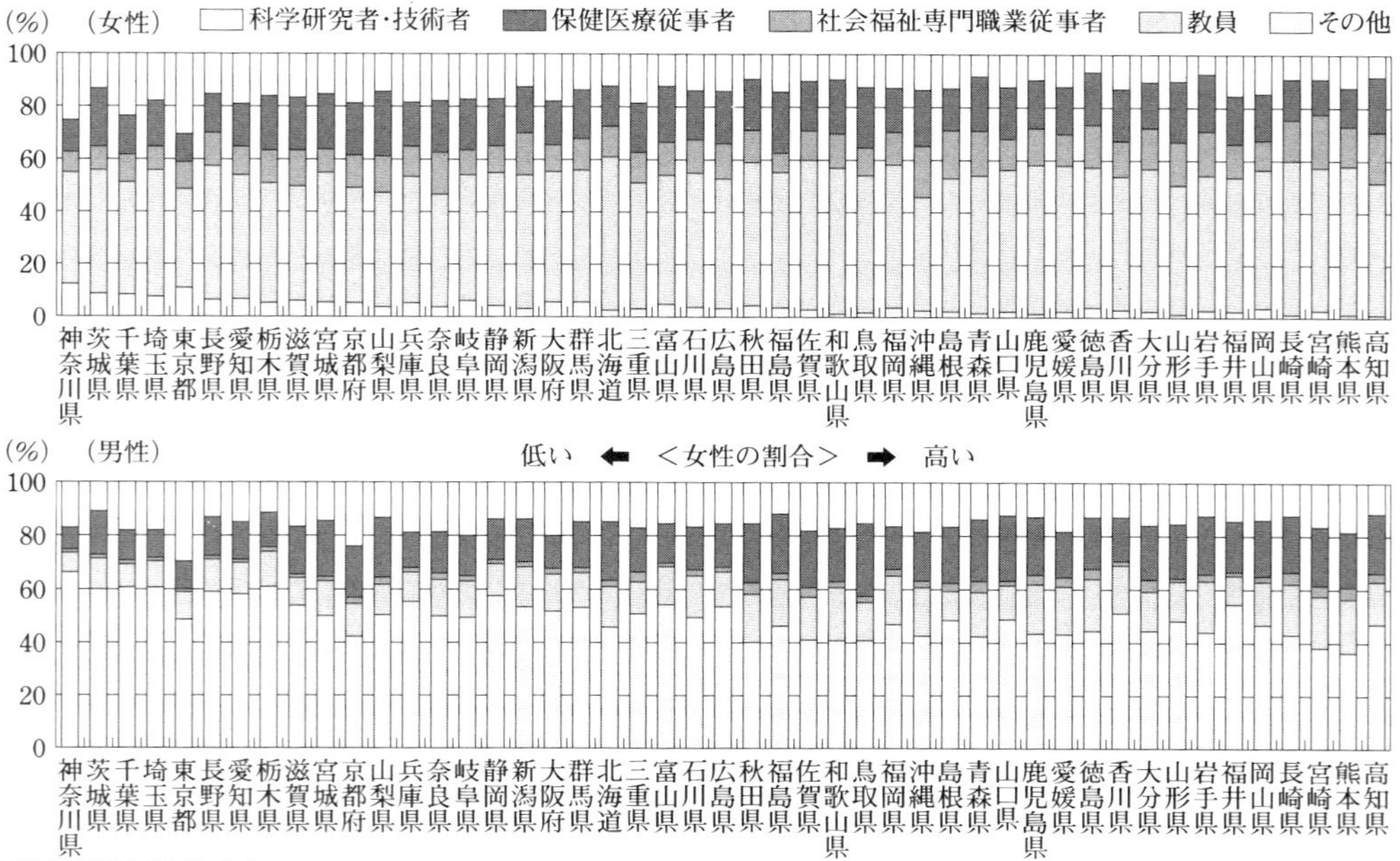

注:抽出速報集計結果による。

資料出所：総務省「国勢調査」(平成12年)

専門職の就業機会を地方に提供することが求められている。それを女性たちが担うのである。白書においては明確に主張を打ち出せなかったが、「男の公共事業」から「女の公共事業」に日本も変わらなければ地方は活性化しないということがこの分析からうかびあがる。

スウェーデン、ノルウェーのような北欧諸国は女性の就業率の高さ、管理職割合の高さで有名である。その北欧でも、女性の多くは公的部門に就業し、その分野での管理職の割合が高い。公的分野の教育、福祉、医療、そして公務といった分野に女性が多く、男性は民間企業に多い。もちろん北欧では女性がもっと民間企業に進出するようさまざまな取り組みが行なわれているが、私の目には、『十四年度版白書』から北欧の福祉社会を支える女性たちと、日本の地方の少子高齢社会を支える女性の姿がダブってみえる。

第一章以下にも、特色を出すよう努めた。

まず、話題性のあるトピックをコラムで採りあげた。たとえばクォータ制、パートタイムの就業調整、配偶者暴力の実態など一四年度では一三項目となった。白書全体を通読する時間のない方も、コラムを読んでもらえば現在の議論の焦点は把握できる。

次に、各種団体の女性登用についての調査や配偶者からの暴力についての事例調査などの結果を掲載することができた。特に各種団体の役員に女性が占める割合は、今回はじめて実施でき、調査それ自体がインパクトとなって女性の役員を増やした団体もあった。情報の把握と公開が男女共同参画を進めていく上でいかに重要か痛感した。

第一部の中では、昨年度「仕事と子育ての両立支援策」について報告を出したところからそのフォローとして第三章に詳述した。また配偶者暴力防止法が制定・施行されたので第五章が充実した記述になっている。

4　『平成十五年版白書』

国際比較の視点

『平成十五年版男女共同参画白書』は情報を満載したきわめて充実した自信作である。

特集テーマを国際比較と決定したのはかなり早い段階であった。二〇〇一年夏の予算要求で「平成一四年度国際比較意識調査」を要求した。二〇年ぶりの国際調査を平成十四年度（九月～一〇月）に行ない、その結果を『十五年度版白書』に掲載すると決めていたのである。またこの意識調査とは別に、平成十三年度、一四年度の二年にわたって「男女共同参画諸外国制度等調査研究」を行なっていた。この二つの調査を組みあわせて、日本の特徴をうかびあがらせようとした。特に意識調査はその背後の社会状況、法律・制度への理解なしにみると判断を誤まることが多い。たとえば、スウェーデンは社会全体として「男性が優遇されている」という意識がフィリピンやドイツ、イギリスより強い。しかしそれは「平等」が現実にかなり達成されているので、平等でない部分について敏感であり、「しょうがない」とか「こんなものだ」と受け入れている国より不平等感が高くなる。

このように二〇年ぶりの国際比較意識調査や制度調査を行ない、分析材料はありあまるほどある

社会全体でみた、男女の地位が平等になっている程度（男女計）

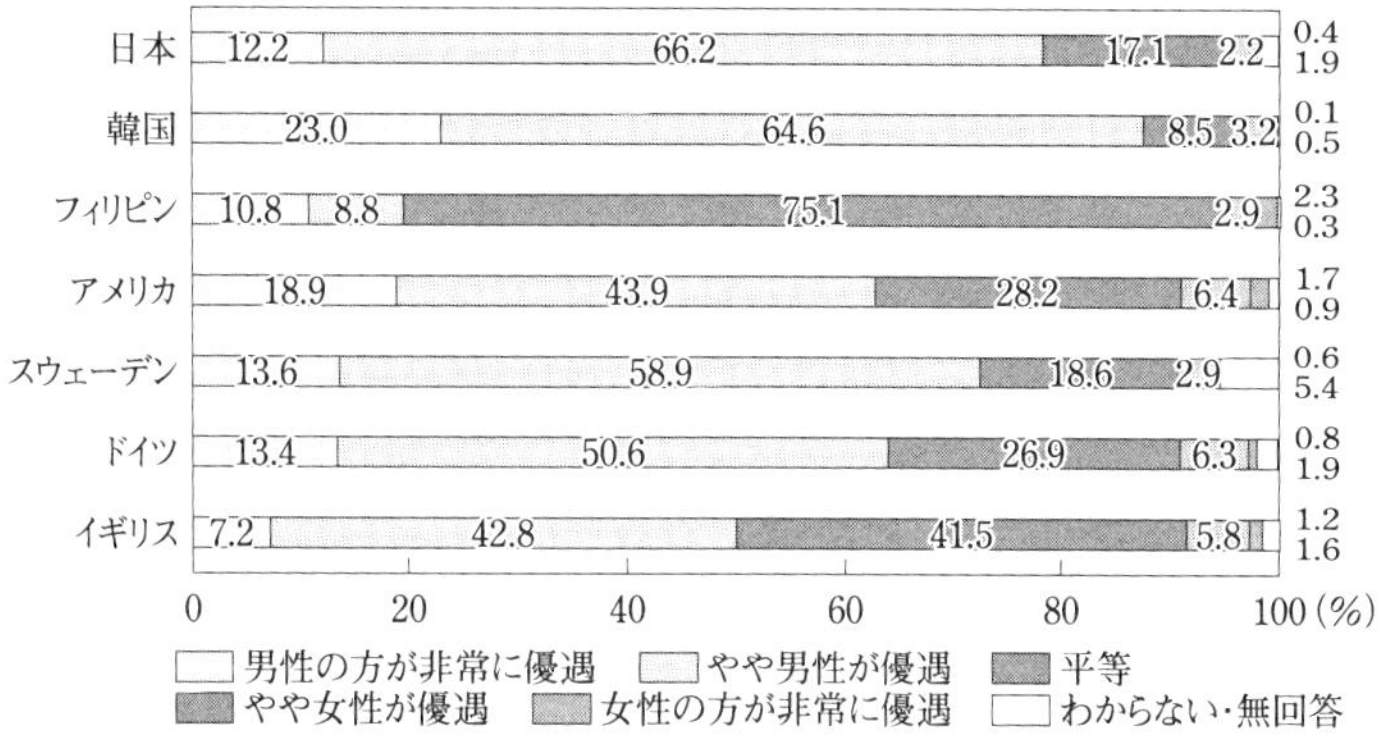

（備考）内閣府「男女共同参画社会に関する国際比較調査」（平成14年度）、「男女共同参画社会に関する世論調査」（平成14年7月）より作成。

が、分析を行なう時間と人手がない。また白書全体の中でさける頁数も限られている。改めてこの調査報告書を作らなければならないと思うが、『十五年度版白書』はその「さわり」を紹介したものである。

比較した国々は韓国、フィリピン、アメリカ、スウェーデン、ドイツ、イギリスである。一九八二年の国際比較調査と比較するため調査対象国をそろえたが、これに近年女性関係政策の充実が著しく、日本同様儒教の影響をうけている韓国を加えた。限られた予算の中で対象国数を増やすのは困難だったが、日本調査は政府広報室の世論調査を充てるなどのやりくりをして、なんとか計六ヵ国を調査した。もちろん贅沢をいえば、アジアでは中国、ヨーロッパのフランス、南アメリカのアルゼンチンなどユニークな取り組みをしている国々も加えたかったが、予算制約上無理だったので二〇年前の対象国を優先した。

日本を加えて七ヵ国の特徴を見ると、政治・行政分野ではスウェーデンの進出が目立ち、管理職・労働分野ではアメリカが管理職も多くがんばっている。唯一の発展途上国であるフィリピンも、政治面でも労働面でも女性の参画が進んでおり、平等意識も強い。同じアジアでも儒教の影響を強くうけた韓国と異なり、女性が家族を支える伝統がフィリピンなど海洋アジア諸地域に強いからだろう。

「平等感」についてみると、実際の参画状況は差があるが、どの国でも「職場」「政治」「社会通念、慣習・しきたり」で男性が優遇されているとする者が多い。日本と韓国では性別の役割分担意識が強く、家庭で男性が優遇されているとする者の割合が高い。学校教育ではどの国も平等としている者が多い。学校では成績主義が一般的で、大学進学率は多くの国で女性の方が高い実情を反映している。

国際比較してみると、各国が女性の進出を支援するための法制度の整備、社会保障制度の活用など環境整備に努めていることがうかびあがる。

世界各国の女性の状況

それでは白書の背景となっている世界の女性の状況を概観してみよう。二〇世紀後半多くの国で女性の状況は大きく変化してきている。変化のスピードは国により異なるが二一世紀初頭の状況である。

アメリカ　アメリカは女性政策に関しては特異な国で、アメリカン・スタンダードでは、グローバル・スタンダードとはずれているということができる。

第二次大戦が終了すると男性が戦場から職場に戻り、それまで職場を支えていた多くの女性は結婚し家庭に入った。豊かなアメリカでは夫一人の給料で、郊外の一戸建てに住み、自動車や家庭電化製品を取り入れた生活をすることが可能であった。

中流階層の女性の教育水準は高まったが文学や教育などを専攻し、在学中に結婚相手をみつけ、しばらく教師や司書、セクレタリーなどをして働いて家計を支えた後、専業主婦となって子どもを育て、ボランティア活動や社交にいそしむのが幸福とされた。こうした「女性らしさの神話」を批判したのがベティ・フリーダンであり、フェミニズムがアメリカの女性の多くの生活と意識をゆさぶった。

一九六四年、黒人解放運動の高まりをうけ「市民権法」が制定されその「第七篇　雇用」で皮膚の色や人種と同じく性によって差別することが禁止された。その後、ＥＥＯＣ（雇用平等委員会）への提訴や裁判によって「差別」は厳しく罰せられるルールが確立し、採用、登用から退職まで、女性は平等に扱われるようになった。

離婚が増え、女性が経済力をもつ必要性に目覚めた七〇年代半ばから、ロースクール、ビジネススクールに進学する女性も増加し、専門職として職場で活躍する女性が増えた。しばらくは「ガラスの天井」といわれたように大企業のＣＥＯなどには女性がなかなか就けないので、組織をとび出して自分で起業するという現象も見られたが、徐々に各分野への進出が続いて、二〇〇〇年現在、管理職の半分近くは女性となっている。この二〇年間に管理職に占める女性の割合は二・五倍となった。一方、六〇年代に広がりをみせたフェミニズム運動は先鋭化し、一般の人々への影響力を低下させた。

アメリカの女性政策はこのように「平等」を推進したが、「保護」や「家庭・子育てとの両立」政策は手薄である。差別撤廃条約やILO条約の批准も行なわれていない。育児休業は一二週の家族・本人の病気休暇のみ、全国統一的な保育所基準やそれに基づく補助も行なわれていない。働く母親は私立保育所、ベビーシッター、家族による保育で切りぬけている。三歳未満児の入所児童比率は一八%で日本の一六%と同水準である。

こうした子育て支援政策が手薄でも、アメリカは黒人やヒスパニック系など出生率の高い民族集団があり、また若い新移民を受け入れているので、出生率は二・一三と高い。

政治分野でもクォータ制をとっている政党はなく、小選挙制という制約もあり、国会議員に女性の占める割合は一四・〇%と比較的少ない。民主党系の女性候補を支援するエミリーズ・リスト、共和党系のウイシュ・リストなど民間の資金援助団体はあるが、公的な支援はない。政治的には人工妊娠中絶の是非が争われることが多く、ブッシュ政権は保守的な立場から中絶禁止や家庭や結婚の重視を主張している。

ドイツ、フランス、イギリス　ヨーロッパの中では、ラテン系のイタリア、スペイン等の国々と、ドイツ系の国々、イギリス等それぞれが独自の女性観、家庭観をもち、カソリック、プロテスタント等の宗教も影響して一様ではない。

しかし近年、ヨーロッパの国々が統合を進めていくなかでEU（欧州共同体）、EC（欧州協議会）、欧州人権裁判所、そしてEUがディレクティブ（指令）などで、EUスタンダードとして女性関連

女性の就業者割合と管理的職業従事者割合

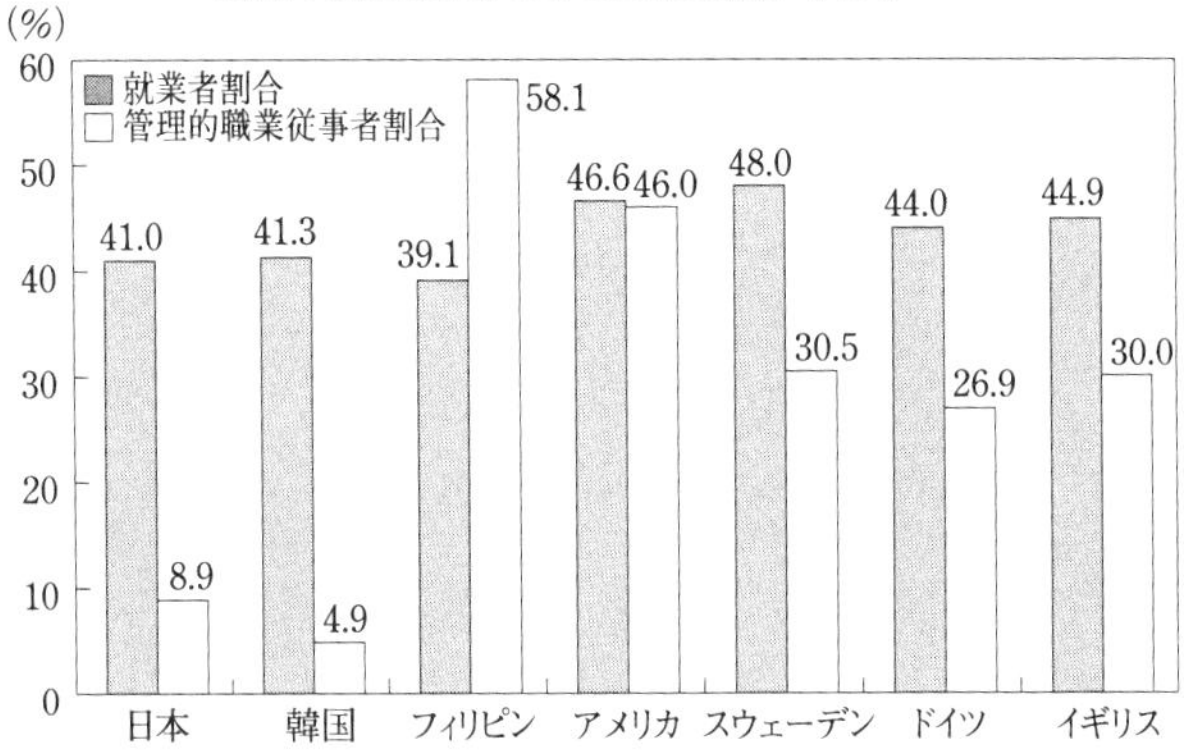

（備考）1. ILO「Yearbook of Labour Statistics」(2002年)より作成。
2. 韓国は2000年、その他の国は2001年のデータ。

政策を進めているが、平等だけでなく両立支援にも目配りしている。特に注目されるのは労働関係の取り組みで、育児休業、介護休業制度の導入や、パートタイマーの均衡処遇、間接差別の禁止などである。ＩＬＯもこうしたＥＵの影響が強い条約を採択している。

スウェーデン、イギリス、ドイツのヨーロッパ諸国の管理職者は、アメリカより低いが約三割前後をしめている。

一方、政治分野においてはドイツはまず一九八六年、緑の党が五〇％、そして一九八八年、社会民主党が候補者の三分の一を女性にするというクォータ制を取り入れ、女性国会議員の増加につとめた。小選挙区制のイギリスは女性議員が少ないが、労働党が女性議員を増加させるため、労働党の強い選挙区に女性候補を立てたり、twining として二つの選挙区の一方には必ず女性候補をたてると努力して女性議員の増加につとめ、保守党から政権を取り戻した。性差別禁止法を改正し、政党における all women short list を実施することとしている。ドイツやイギリスでは現職の議員が候補者に対して教育的指導や経済的援助をするメンター制度を採用している。

フランスはヨーロッパ諸国の中では女性の議員が比較的少なかったので憲法の改正を経てパリテ法を二〇〇〇年五月制定した。これは政党助成金を得ている政党は候補者の男女比の差を二％以内にすべく上院及び欧州議会選挙（比例）では名簿の順を男女交互にしなければならないとしている。これに違反した場合、ペナルティとして一定率で政党助成金が減じられるとしている。また人口三五〇〇人以上の市町村議会選挙では男女の候補者数を六人ずつ交互に記載した名簿をつくらねばならない。小選挙区の国々で女性の割合が低く、比例選挙区の国は女性の割合が高い。

ヨーロッパ諸国はフランス、ドイツとも少子化に悩んでいる。そのため育児休業、保育所、児童手当などの充実にも力を注いでいる。ドイツは一九八六年（二〇〇〇年改正）で育児手当及び親時間の付与に関する法律を定め、子が二歳になるまで育児手当を支給している。

ノルウェー、スウェーデン、フィンランド　北欧諸国は福祉国家としてまた男女平等の推進の先進国として名高い。GEMでも常に上位にランクされている。また、政府から独立して人権を守る、オンブッド（オンブズパーソン）などが、子どもの権利だけではなく、女性に対する差別の苦情処理にあたっている。

スウェーデン、フィンランド、ノルウェーはもともと貧しい農業国、漁業国で、移民をして出国する人も多かったが、一九六〇年代から経済的に発展し、女性の就業機会も増えた（しかし、今でも民間企業は男性が多く、女性は公的部門に多い）。

同時に政治への進出が進み、まず地方議員、ついで国会議員が増加した。一時期、女性議員が減少したので、社会民主党が先鞭をつけて、政党の比例名簿に男女交互の候補者を並べ、現在では、自由党、環境党、左翼党も見習っている。保守的なキリスト教民主党はまだ三分の一のクォータである。ちなみに国政は比例だけで選ばれる。

女性の議員の増加は福祉、教育、環境などへの取り組みを推進した。この結果、有給の育児休業、高齢者福祉サービス、児童手当などが整えられた。スウェーデン、ノルウェーに特有な制度として、父親だけが得て母親に譲りわたすことのできない育児休業、パパ・クォータが定められている。八〇％の所得保障付き休業期間三九〇日のうち六〇日は父母の間で譲渡不可とされる。女性はほぼ完全に取得し、男性も約半数が取得しており、取得者の男女比は六四％対三六％となっている。スウェーデンはまた三歳未満児の四八％が保育所・家庭型保育等の保育サービスを利用している。こうした育児支援の充実によってスウェーデンの出生率は一九九〇年二・一三にまであがったが、その後一・七四（一九九五年）、一・五四（二〇〇〇年）と低下している。最近好況の中でまた回復しているようである。

また生活時間調査では六歳未満の子どもをもつスウェーデンの男性は、仕事（六・四時間）と家事（二・五時間）、育児（一・二時間）の合計（一〇・一時間）が、日本の男性（計八・五時間）はもちろん、他の国の男性より長く、有償労働プラス無償労働では勤勉さが極立っている。

介護・育児など福祉サービスの充実、教育費の無料化等が進む一方、社会保険料、税金の負担率

各国における保育の状況

		日本	アメリカ	スウェーデン	ドイツ	イギリス
保育	低年齢時の主要サービスの種類と利用数・定員	保育所　55.2万人：3歳未満 (182.8万人：就学前) (2001年4月現在)	保育所　182万人、 保育校　115万人：学齢前 家庭保育　214万人：学齢前(93年) ※全国統一制度なし	保育所　9.3万人：3歳未満 家庭型保育所　2.5万人：3歳未満(97年)	保育所　15.1万人：3歳未満 個別保育者　不明 ※全国統一制度なし	保育所　19.4万人：5歳未満 個別保育　36.5万人：学齢期まで、半分以上が5歳未満
	保育の位置付け等個別保育者、家庭	○家庭的保育事業を実施する市区町村に対し、必要な経費を補助。	○州政府等の認可を受けたものと認可外のものがある。	○コミューンが実施責任(保育所との区別なし)	○州によっては個別保育者利用への補助制度あり	○地方当局への登録が必要
	受給状況	○地域によって需給に偏在あり。 ○3歳未満児数に対する保育所入所児童数の割合→16%	○母親(既婚)が就業する5歳未満児数に対する利用者数保育所→18%、保育校→12%、家庭保育→22%（このほかには、親やベビーシッター等)	○待機はほぼ解消 ○3歳未満児数に対する保育所・家庭型保育所利用者数→41%	○旧西独の保育所が不足 ○3歳未満児数に対する保育所利用可能人数の割合→6％（旧西独2％：旧東独41%)	○保育サービス全体が不足 ○5歳未満児数に対する保育所・個別保育者定員の割合→10数%程度
児童手当	所得制限有無支給対象及び	第1子より。就学前まで。所得制限あり。	児童手当制度なし。	第1子より。原則16歳未満。所得制限なし。	第1子より。原則18歳未満。原則所得制限なし。	第1子より。原則16歳未満。所得制限なし。
	支給月額	第1子　0.5万円 第2子　0.5万円 第3子～　1.0万円	―	第1、2子 750クローネ(1.1万円) 第3子 950クローネ(1.4万円) 第4子 1,350クローネ(2.0万円) 第5子～ 1,500クローネ(2.2万円)	第1子 250マルク(1.7万円) 第2子 250マルク(1.7万円) 第3子 300マルク(2.0万円) 第4子～ 350マルク(2.3万円)	第1子 62.4ポンド(1.2万円) 第2子～ 41.6ポンド(0.8万円) ※週当たりの支払額を規定

（備考）男女共同参画会議・影響調査専門調査会「ライフスタイルの選択と税制・社会保障制度・雇用システムに関する報告」(2002年）より作成。

は重く、共働きが普通である。二〇〇三年五月、ノルウェー首相の来日の際、日本とノルウェーの女性問題についてのシンポジウムを行なったが、ノルウェーでは取締役の四割を女性にするように企業に要請しており、法制定も視野に入っているということでる。

アジアの国々

アジアの中でも韓国は儒教の影響が強く、日本以上に男尊女卑、性別役割分担意識も根強い。日本同様、食事のしたく、後片づけ、掃除など、妻だけが分担している割合が高い。

しかし急速な経済成長の中で人口が農村部から都市部に大移動し、平均世帯人員も八〇年の四・五人から、二〇〇〇年の三・二人まで急速に減少している。女性の平均初婚年齢も高まり、合計特殊出生率は一九七五年の三・三〇から二〇〇二年の一・一六までこれも急激に低下している。しかし女性の管理職は日本より少なく年齢別労働力率のM字型も残っている。賃金格差も日本と同水準である。男女不平等感はきわめて強く、日本以上に意識の上では性別役割分担に批判的である。

金大中政権の下で、女性関係施策は急速に進み女性省が設置され専任大臣も置かれた。二〇〇〇年に政党法を改正し、全国区比例代表候補者名簿の三〇%を女性とすることとなった。二〇〇一年には男女雇用平等法の抜本的改正があり、間接差別禁止規定が追加され、母性保護、育児休業制度が強化されている。二〇〇三年には国立大学の教授に占める女性の割合を三〇%とすることを義務づけ、公務員でも上位の役職に占める女性割合を増やすよう努めている。

中華人民共和国では共産主義時代には男女とも職に就くのが当然とされ、国営企業では女性労働者の家事・育児を支援する保育所、食堂なども整えられた。全国人民代表者会議の議員の二〇%は女性と割り当てられ、副主席など高位の役職にも女性が就いていた。

しかし、一九八〇年代から経済の開放が進み、民営企業が増えるなかで貧富の差が大きくなり、豊かな階層では専業主婦もあらわれたがまだ数は少ない。自分で起業する女性や専門職として活躍する女性も増加しており、女性差別は見られない。

都市部では一人っ子政策が浸透し、双方の祖父母も含め、保育は支え手が多く、女性も高い教育をうけ社会的に活躍しているが、内陸部ではまだ貧しく、進学できない少女も多い。

フィリピン、台湾、シンガポール、タイなど東南アジアの国々では女性たちが働くのはあたりまえで、タイでは農地は娘が相続する。教育をうけた専門職、管理職の女性と一般の女性との所得格差が大きいので、メイド、ナニーなどに家事、育児を助けてもらえるので、政府高官や企業の管理職に女性が多い。中でもフィリピンは管理職の五八・一%が女性であり、一九八〇年の三五・五%から大きく増加し、男女間の賃金格差も八四・五%と比較的少ない。女性議員の割合は一七・八%だが一九九八年、議席の二〇%を女性、高齢者、労働者階級、障害者などの代表者枠に指定している。アキノ、アロヨと二人の女性大統領も輩出している。

シンガポール、台湾でも女性が高い教育を受け、専門職、管理職として活躍している。

こうした女性の政治行政への進出や労働や育児の背景には、男女の役割に対する意識も影響している。「夫は外で働き、妻は家庭を守るべきである」という考えに賛成する割合は、日本がフィリピンとならんで最も高い。女性の議員や管理職では日本と並んで少ない韓国が、意識面では性別役割分担に反対する者が日本より多い。近年韓国では、女性関係施策が急速に進んでいる。意識にも影響していると思われるが、法制度や意識は変わっても現実は変化していない。

賃金格差

賃金格差については、日本は六四・三％（これは常用雇用者の所定内賃金での比較なのでパートなどをいれるともっと格差は大きい）だが、韓国は日本と同水準（六四・三％）、スウェーデン、フィリピン、イギリスでは八割を超えている。

日本の男女間賃金格差の要因で一番大きいのは職階で、次が勤続年数である。日本女性の平均勤続年数は八・九年であるが、これはスウェーデンの男女やドイツの男性よりやや短いが、アメリカ、イギリスより長い。転職が男女とも不利にならない社会と異なり、日本は男性に比べ勤続年数が短いことが、教育・訓練・異動などで不利に働くからであろう。

またヨーロッパ諸国ではパートタイム労働者の処遇が高く、育児期はパートタイムに転換する女性が多い。正社員とパートタイムの賃金差は勤務時間の長さに比例する。日本では正社員とパートタイムの賃金格差が大きく、男性正社員の約四〇％、身分も不安定である。しかも三五歳以上で就職する女性の七〇％以上がパートタイムである。しかしヨーロッパ諸国では一九九七年一二月、「パートタイム労働に関する枠組み協約に関する指令」が欧州連合の指令として決定され、各国政府もこれに基づいて国内法や国内規定を制定または改正している。

私自身二〇〇二年初冬ＥＵを訪問し、女性への差別の撤廃に対するＥＵの熱心な取り組みに感銘

EUパートタイム労働指令と各国の制度

欧州連合（EU）の共同体立法の一つの形態として、「EU指令（Directives）」がある。指令が採択された場合、EU加盟国には、その目標を達成する義務が生じ、国内法や国内規定を制定又は改正しなければならない。EU労働法の分野においても、指令は欧州加盟国の国内労働法に大きな影響を与えている。

EUでは、一九八〇年代から、パートタイム労働等非典型労働の問題が政策的に議論されていた。パートタイム労働については、当初、基本的にフルタイム労働者と同様の権利と義務を付与するべきだという非差別原則を目標に議論されてきたが、その後二〇年の間に、家庭責任を有する労働者の職業生活と家庭生活の両立を可能にする働き方が重要であるという観点から、もう一つの論点である労働時間の柔軟性がむしろ強調されるようになった。このような議論の中、EUでの議論も、労働形態の柔軟化を推進するためにも、新しいタイプの柔軟な労働に従事する労働者の均等待遇が必要だという方向に変化していった。

一九九五年、EUはパートタイム労働の立法手続きに入り、一九九七年一二月、「UNICE、CRRP及びETUCによって締結されたパートタイム労働に関する枠組み協約に関する指令」が決定され、成立した。同指令の概要は以下のとおりである。

(1) 適用対象と定義

ア．「パートタイム労働者」とは、週労働時間又は年間労働時間が、比較可能なフルタイム労働者よりも短いものである。

イ．「比較可能なフルタイム労働者」とは同一事業所内の労働者であって、同一類似の雇用契約又は雇用関係を有する者、同一又は類似の職務に従事する者である。年功や資格、技能等を考慮する。

(2) 非差別原則

ア．雇用条件に関しては、パートタイム労働者は、パートタイムで労働するというだけの理由で比較可能なフルタイム労働者よりも不利益な取り扱いを受けない。

イ．「時間比例の原則」の適用による均等待遇の実現

(3)　フルタイム労働とパートタイム労働の相互転換
ア．雇用対策及び職業生活と家庭生活の両立双方の観点から、パートタイム労働を促進する。
イ．使用者は、労働者が、フルタイム労働からパートタイム労働、パートタイム労働からフルタイム労働への転換を希望した場合はできるだけそれをかなえるよう努力する。
ウ．使用者側から労働者に対して転換を要求し、労働者がそれを拒否しても解雇することはできない。
EU労働指令の国内法制化の施行期日は指令の採択の日から二年後、労働協約による実施の場合はさらに一年の猶予がある。

フルタイム労働とパートタイム労働の相互転換については、EU指令では努力義務規定とされているが、ドイツでは、国内法でフルタイム労働からパートタイム労働への転換を労働者の権利として規定され、パートタイム労働からフルタイム労働への転換についても使用者は被用者の希望を優先的に考慮しなければならないことが規定されている。

イギリスでも、「パートタイム労働者の不利益取り扱いの防止に関する規則」が制定され、上記(2)ア、イについて、不利益取り扱いを受けた者が、その理由についての回答を使用者から受ける権利及び雇用審判所に提訴する権利が担保された。

スウェーデンにおいては、パートタイム労働者とフルタイム労働者には、労働時間の長短という相違しかなく、いずれも正規雇用者であり、社会保障制度に関する権利もフルタイム労働者と同じである。賃金についても、仕事の内容が同じであれば、基本的に時間当たり賃金は同水準である。（以下略）

をうけた。日本では「間接差別の定義が明らかでないので研究する」としている。しかしEU担当者は「女性が圧倒的に多いパートタイム勤労者の賃金が、男性の多い正社員の賃金と大きな格差があるならば当然それは間接差別である」ときわめて明快に断定していたのが印象的だった。日本の場合、人件費を抑えるにあたって正社員の賃金はそのままに、パートタイム労働者の賃金を抑えるようにしてきた。この結果、長い不況の中で、正社員の数を減らしパートタイム勤労者など非正社員を増加させる動きが明らかになっている。むしろ、正社員の雇用を守るためにも、正社員と非正社員の格差を詰めなければならなくなっているのではなかろうか。

国内の状況

第二章の雇用の分野では、国際比較でも採りあげたパートタイムの女性勤労者に焦点をあわせた。正社員との処遇の格差が大きすぎる事実を明示していけば、「このままではひどすぎる」という世論がまきおこることをひそかに期待している。

第三章は仕事と子育ての両立についての章である。序説での日本が欧米に比べ役割分担意識が強いことが明らかになったが、日本の父親たちの、育児への参加の少なさ、三〇代男性の勤労時間の長さ等を特に丁寧に紹介している。

第五章の女性に対する暴力については、平成十四年度に「配偶者からの暴力に関する調査」を実施したので、それを中心に記述している。配偶者から「命の危険を感じた」暴力を受けた女性が四・四%と一二年度とほぼ同じ割合である。また恐怖を感じるような脅迫を受けたことがある女性は五・六%、いやがっているのに性的な行為を強要されたことがある女性は九・〇%で、これらの行為のいずれかを一度でも受けたことがある女性は実に五人に一人、一九・一%にのぼる。

また性犯罪の実態をみると、強姦の認知件数は二三五七件、強制わいせつの認知件数は九四七六件と急激に伸びている。いままで暗数として表に出てこなかった性犯罪が明らかになってきたという面と総数が増えたという両面がある。都道府県雇用均等室に寄せられたセクシュアル・ハラスメントの相談件数も七六三三件と増加している。

このほか「生涯を通じた女性の健康」「メディアにおける女性の人権」「男女平等を推進する教育・学習」について記述している。

ところで白書を公表してまもなく、国連開発計画（UNDP）から二〇〇三年のHDI、GDI（ジェンダー開発指数）、GEMが公表された。HDI（人間開発指数）は相変わらず一七三ヵ国中九位と高いものの、GEM（ジェンダー・エンパワーメント測定）は七〇ヵ国中四四位となっている。二〇〇一年、二〇〇二年が六六ヵ国中三一位、三二位だったのに比べても大きな後退である。日本で女性の政策決定への参画が悪化しているというより、他の国々が差別をなくするための努力を行ない成果をあげているので順位が低下したわけである。変化のスピードの遅さは日本のあらゆる場で問題となっているが、男女の格差の是正も同様である。

韓国はGEMの順位を上げることを目標とした取り組みをはじめているが、日本ではそこまでの問題意識はもたれていない。

第12章　女子差別撤廃条約の日本レポート審議

1　女子差別撤廃条約

女子差別撤廃条約については序章でも述べたが、女性の人権に関する事項を包括的に規定する法的拘束力のある国際条約である。日本もこれを批准するために雇用機会均等法、国籍法の改正など国内体制の整備が行なわれた。

一九七九年一二月一八日、第三四回国連総会は、女子差別撤廃条約を賛成一三〇、反対〇、棄権一〇をもって採択した。

国連は創設以来女性の人権の尊重を大きな目標としており、一九四六年には女性の地位委員会が設置され、婦人の参政権に関する条約（一九五二年）、既婚女性の国籍に関する条約（一九五七年）、婚姻の同意、最低年齢および登録に関する条約（一九六二年）、女性に対する差別撤廃宣言（一九六七年）など一連の女性の権利の法典化を進めてきた。

一九七五年の国際婦人年に第一回世界女性会議（メキシコ）が開催され、その決議の中で国連に男女差別を撤廃するための法的拘束力のある条約を制定するよう要請した。別途国連の人権委員会も女性への差別の撤廃に取り組んできた。一九四八年一二月「世界人権宣言」、一九六六年一二月「国際人権規約」でも女性差別が禁止された。また国連の専門機関であるＩＬＯやユネスコなども差別撤廃の努力を重ねてきた。

批准とその経緯

こうした流れをうけて女性の地位委員会は一九七四年から国連加盟国の意見をもとに「女子差別撤廃条約」の起草作業をはじめ、七六年に条約案が完成した。この案はさらに国連第三委員会作業部会で話し合われた。当時ソ連や東欧諸国は、労働の現場で女性を手厚く保護すべしという意見が強く、西欧諸国の平等を中心とし保護は妊娠、出産関連に限定すべしという意見と対立した。一方イスラム諸国もコーランの生活規範であるシャリアに基づきまったく異なる意見だったが、西欧諸国の意見にそってまとまった。三〇ヵ条の女子差別撤廃条約が完成するまで、差別撤廃宣言から一二年、多くの対立点を乗り越えてようやく一九七九年、国連総会で採択されたわけである。

条約は前文と六部三〇ヵ条からなる。前文では国連憲章はじめ多くの国連文書が男女の平等を規定しているにもかかわらず、依然として女性に対する差別が広く存在していると指摘する。条約の基本理念とされているのは次の諸点である。

○国の完全な発展、世界の福祉及び理想とする平和は、あらゆる分野において女子が男子と平等の条件で最大限に参加することが必要。○出産における女子の役割が差別の根拠となるべきではなく、子の養育には男女及び社会全体が共に責任を負うことが必要。○社会及び家庭における男子の伝統的役割を女子の役割とともに変更することが男女の完全な平等の達成に必要である、などである。

第一部は総論（第一～六条）、第二部は公的生活に関する権利（第七～九条）、第三部は社会生活に関する権利（第一〇～一四条）、第四部は私的生活に関する権利（第一五～一六条）、第五部は女性差別撤廃委員会、第六部は最終条項となっている。条約は第一条で「女子に対する差別」とは、性に基づく区別、排除又は制限であって、政治的、経済的、社会的、文化的、市民的その他いかなる分野においても、女子が男女の平等を基礎として人権及び基本的自由を認識し、享有し又は行使することを害し又は無効にする効果又は目的を有するものをいうと定義している。締約国はこの条約を締結することによって性差別撤廃について包括的な義務を負う。条約の履行を確保するために一九八二年以来世界各国から個人の資格で選出された二三人の専門家によって構成される女子差別撤廃委員会が設置され、各国から提出される条約の実施状況報告書を審議し、国別のコメントを発表している。

また一九九九年に国連総会は条約に個人通報制度を導入することと、女子差別撤廃委員会に調査権を認めるための選択議定書を採択している。

2　批准と報告書（レポート）審議

日本政府は国連での採択に賛成、一九八〇年コペンハーゲンの第二回世界女性会議において条約に署名したが、批准までには三点の国内法・体制の整備が必要だった。

第一は、第九条に規定される国籍の平等のため、一九八四年に国籍法を改正した。これは子の国籍取得にあたって父系優先だったものを父母同等に位置づけ直すものである。

第二は、第一〇条に規定される教育の平等。高校における家庭科が女子のみ必修だったのを男女共修にした（八九年に学習指導要領を改正し、九四年から実施）。

第三が、職場における性差別を禁止し均等待遇を保障する法制度の整備である。これは使用者側、労働者側の意見の隔たりが大きく、女子保護の問題もあって議論が紛糾したが、八五年六月雇用機会均等法が成立した。これでようやく日本はこの条約を批准できる環境が整い、七二番目の条約加盟国となった。使用者側の抵抗は大きかったので、もし条約批准という外圧がなければ均等法の成立は困難だったろう。

締約国は第八条で「この条約の実施のためにとった立法上、司法上、行政上その他の措置及びこれらの措置によりもたらされた進歩に関する報告の提出」を義務づけられている。批准から一年以内に第一次レポート、その後少なくとも四年ごと、さらには委員会が要請する時に報告を提出しなければならないとされている。

提出されたレポートは政府代表出席の下、委員会で審議される。委員会は年に二回、三週間ずつ開催されるが、一七四ヵ国の締約国のレポートを読みこなし、建設的対話をする作業量は膨大で、審議はまとめて行なわれることが多い。

一九八八年一月には、日本の第一次レポートの審議（首席代表佐藤ギン子労働省婦人少年局長）が行なわれた。第二次と第三次レポートは一九九四年一月に一括審議が行なわれた。松原亘子労働省女性局長が首席代表をつとめ、私も当時総理府婦人問題担当室長として参加した。首席代表のスピーチが長く、討議の時間はきわめて少なく、赤松差別撤廃委員の文相就任への祝意が印象的だった。

それ以降、日本政府は一九九八年七月に第四次レポート、二〇〇二年九月に第五次レポートを提出している。そして、二〇〇三年七月、第二九回女子差別撤廃委員会で、九年半ぶりに三回目の日本レポート審議が行なわれた。

差別撤廃委員会は一年に二回開催され、七〜八ヵ国のレポートが審議される。審議に先立つ会期中に（今回は二〇〇三年二月）委員がレポートを読んで質問事項が書面で出され、それに対する書面の回答を四月に提出した後七月の審議に臨む。NGOの方でも政府レポートとは別に、カウンターレポートを作成し、委員会に提出し、審議に先立って委員との間で意見を交換するのである。

3　第五次報告書の提出

日本政府の報告は、第一次から第四次は総理府婦人問題担当室（第四次は男女共同参画室）でまとめたが、政府首席代表は労働省の婦人局長がつとめた。室長より局長がランクが上だからである。しかし、こんどは内閣府男女共同参画局でまとめ局長である私が首席代表をつとめられる。

男女共同参画局では一九九八年五月以降から二〇〇二年四月まで約四年間のわが国における女子差別撤廃条約の実施に関して国連差別撤廃委員会へ報告しているが、審議は行なわれなかった。九四年審査の最終コメントではＮＧＯとの対話が奨励されていたので、第五次レポートの作成に当たってはできるだけ国民から意見を聞く機会をつくるよう努めた。

具体的には二〇〇一年八月に、地方公共団体、女性団体、男女共同参画会議議員、専門調査会委員に、報告書に盛り込むべき事項及び関連するＮＧＯ等の活動報告について書面で照会した。またホームページを通じて広く一般にも意見照会を行なった。また八月三一日には、えがりてネットワーク企画委員会主催という形で第五次レポートについては、ＮＧＯから直接意見を聞く機会を設けた。ＮＧＯからの意見は二七六件寄せられた。女性の現状を人口、教育、就業とともに男女共同参画政策について述べた後、内閣府・各省庁はそれぞれの分担別に、条約の条文ごとの状況を執筆した。

特にこの四年間の女性関連法制の進歩が大きかったことが目立っている。一九九九年に「男女共同参画社会基本法」が公布施行され、「基本計画の策定」（二〇〇〇年一二月）、内閣府に男女共同参画会議・男女共同参画局が設置されたこと、また、「児童買春・児童ポルノに係る行為等の処罰及び児童の保護等に関する法律」（一九九九年五月）、「食料・農業・農村基本法」（一九九九年七月）、「ストーカー行為等の規制等に関する法律」（二〇〇〇年五月）、「児童虐待の防止等に関する法律

（二〇〇〇年五月）、「配偶者からの暴力の防止及び被害者の保護に関する法律」などの法律ができ、また育児・介護休業中の給付の休業前の二五％から四〇％への引き上げ、児童手当の支給期間の延長などが行なわれたことを盛り込んでいる。

各条別には日本政府が国内本部機構の強化、差別に対する法的救済手段（苦情処理等に対する措置、人権擁護機会）、女性に対する暴力への対応などに意識的な努力が行なわれてきたことを報告した。従軍慰安婦問題は、政府としては条約批准以前のこの問題を報告書にとりあげるのは適当でないと考えているが、その重要性と国際的な関心が強いことを考慮して、政府の取り組みやアジア女性基金の活動について述べた。

そのほか政策・方針決定過程への女性の参画への実情と取り組み、性別役割分担意識の是正のための広報・啓発活動、売買春の実情と防止策、国際分野での活動、教育、学習の充実などが挙げられている。雇用の面では、同一価値労働同一報酬や間接差別、育児・介護期における条件整備の充実、生涯を通じた女性の健康、母子寡婦対策、農村女性への配慮、また民法改正の検討状況についても述べている。

こうして日本文を確定するまで各省庁と細かくつめ、次に日本語の報告（レポート）を英訳し、それをまた各省庁にチェックしてもらうという気の遠くなるような膨大な作業を積み重ねて、九月一三日の定められた期限内に国連に提出したのである。

4　報告書の審議まで

この政府レポートに対して国際女性の地位協会をはじめとするNGOからコメントや意見が寄せられ、カウンターレポートも差別撤廃委員会に提出されている。過去二回に比べ、今回はNGOが連携してJNNCという組織をつくり一本化したのでロビーイングや委員会への情報提供が大変効率的に行なわれた。

約五ヵ月後の二〇〇三年二月には委員会から三二問にわたる質問が返ってくる。たとえば「Q6　第五回報告一九頁苦情処理・監視専門調査会が、男女共同参画社会基本法について調査・検討を行なっていると記載されているが、その結果はどのようなものか」とか「Q9　第5回報告二四頁において「配偶者からの暴力の防止及び被害者の保護に関する法律」の円滑な施行について専門調査会の報告に言及されているがこの報告に盛り込まれている意見及びそれが実施されているかについて情報を提供されたい」といったものである。このほか選択議定書の批准についての検討状況はどうなっているか、委員会の会期について規定している二〇条一の改正受諾の見込みはどうかといった委員会として関心の高い事項についての質問もある。

これに対しても各省庁とともに回答原案を用意し、最終的には内閣府で調整して四月に提出した。また五月一二日には衆参女性議員懇談会において質問が出され、私たちはそれに回答した。

その後はそれぞれの条文ごとに擬問擬答を作成する。国会の想定問答の国連版だが、過去の日本審議の際の質問や他の国のレポートに対する質問をもとに想定する。委員の関心はほぼ把握できるので擬問をつくり、それに対する回答を準備する。二〇〇以上の問いに対する回答はA４判で約一〇〇〇ページを超える資料となり、一通り読むだけでも大作業である。特に人権擁護法案の検討状況、トラフィッキングの現状、間接差別についての検討状況などについて各省庁の担当官から詳細に説明を受けた。出発前の忙しい時期に時間をとるのは大変だったが、書類を読むだけでは伝わらない情報も把握できて私にとっては大変勉強になった。また委員会の場で問われた質問は擬問擬答でカバーされていて、まったく準備していなかった質疑はマイノリティ女性についてなどほんの少数にとどまった。これは推進官はじめ国際班の的確な準備、見通しの確かさに負うところが多い。

このほかの私のすべき準備としては、審議冒頭の首席代表のステートメントである。これも事前に原稿を用意し、各省庁の了解をとった上で英訳した。各省庁からの代表団との顔合わせもそこそこに七月六日にあわただしく、しかし緊張してニューヨークに向かった。

現地到着後、すぐに国連代表部や代表団との打合せを行なう。特に冒頭ステートメントに対しては最後まで調整が続き、最終英文がホテルの私の部屋に届いたのは七月八日、午前０時を回ってからだった。

審査当日

七月八日朝、国連のコンファレンスルームで日本報告書（レポート）について審議が開始される。一〇時開会、傍聴席には日本からきた約五〇人のＮＧＯ参加者の顔も見える。中央には委員長のトルコの委員、向かって左側は事務局、右側は日本代表団で前列は私と外務省の嘉治課長、後列に高安推進官、フロアの最前列に各省庁からの日本代表団、その外側に半円形に委員たちが着席する。

私は冒頭ステートメントを、意識して強調すべきところを強調し、メリハリをつけて心を込めて読みあげようと考えていた。強調したかったのは次のことである。

①前回審議以降、日本において男女共同参画社会基本法の制定をはじめ推進体制が飛躍的に前進した。この一〇年は日本女性にとって「失われた一〇年」ではなく「前進の一〇年」といえる。

②女性に対する暴力への対応も配偶者暴力防止法が制定され、一〇三ヵ所の支援センターが設置された。保護命令も毎月一〇〇件発出され、意識啓発も進んでいる（トラフィッキングについては後に言及）。

③一九九七年に均等法が改正され、雇用のすべての段階における女性への差別が禁止されたが、賃金や管理職比率では事実上の格差が残っている。

④仕事と家庭の両立を進めるため、育児・介護休業法の改正が行なわれ、「仕事と子育ての両立支援策」が閣議決定され、「次世代育成支援対策推進法」が成立した。

⑤二〇二〇年にあらゆる分野の指導的地位に女性が三〇％となる数値目標を掲げた。

⑥税制、社会保障、雇用システムについて検討を行なった。

⑦トラフィッキングについては摘発に努めており、被害者の出身国大使館との情報交換を行なっている。また「第二回児童の商業的性的搾取に反対する世界会議」を開催し、国際組織犯罪防止条約、及びその補足議定書に署名を行なっていたが、条約については、二〇〇三年五月国会

の承認を得て批准した。

このほか、ＯＤＡで日本が毎年平均一〇〇億ドル拠出していること、条約第二〇条一の改正を受諾したこと等を述べた。委員会からの最終コメントにおいても私の強調したことのほとんどが肯定的ポイントとしてとりあげられている。

ステートメントの後、午前中二時間半、午後二時間の質疑応答が交わされた。各委員からの鋭い質問に対して主として私が答え、あとは担当省庁が補足することとしていたが、幸い擬問擬答で準備していた答えが生きる質問が多かった。三〜四人の委員が次々と質問を続けた後、私が答える。はじめは一般的な質問に私の意見を私の言葉で答えているうちに、専門的なものについては推進官の方からメモが出てくるのでうろたえることなく答えることができた。全体として率直で建設的な対話が行なえたと思う。それというのも、私たちも日本国内で女性に対する差別をなくしたいと願って仕事をしているわけだし、委員の方たちもそれを願っている。いわば目的を同じくする同志である。だから、「日本国政府が法制度の整備をはじめ努力しているのは認めるが、どうして政策決定の場にこんなに女性の増加のスピードが遅いのか」という意見に対して「私自身もどうしてもっと政策決定への場へ女性が進出しないのかフラストレーションを感じている」と答えてしまった。政府代表らしくない答弁だったかもしれないが、正直な感想として、好意的に受け取られたようである。

委員の中には、日本について深い理解をもっている人が多く、ショップシリング委員（ドイツ）は「日本社会はコンセンサスを重視しすぎているが、社会は政府が把握しているよりずっと速く変化している」という指摘もあった。このほか委員の関心が高かったのは直接及び間接差別の定義を国内法にとりこむこと、トラフィッキングの問題、女性の政策決定への参画、差別を禁止する包括的な国内法の制定（人権擁護法案について関心が高く、多くの質問があった）、民法改正などである。

また、NGOが委員にしっかり情報提供した結果だと思われるが、障害者、在日コリアン、被差別部落、アイヌなどマイノリティの女性がどのような差別を受けているか、それに対してどのような施策が行なわれているかを複数の委員から聞かれた。正直な話、日本政府はこうしたグループについて男女を一体として施策を行なっており、特に女性だけに焦点をあてた施策は私が知るかぎり行なわれていないし、その前提となる男女別統計も整備されていない。アイヌや被差別部落、障害者への施策は「男女の差別や区別なく」行なわれていることになっているからであるが、今後まずジェンダー統計の把握が必要であると私は考えている。

性差別発言をした政治家に対してどのような抗議、制裁を行なっているか、学校教育における男女平等意識の浸透はどうなっているかという質問もあった。国内では有力政治家に、公務員である男女共同参画局が文句をつけるなどとうていできない。民間あるいは他の政治家の仕事だと思っていたが、「石原都知事の「ババア発言」に怒り謝罪を求める会」という団体が審議委員に情報を提供した。

また、学校教育の場で、あるいは政治家、裁判官、警官などに条約にあるような差別のない社会への認識を育てる研修が必要だと指摘された。これらの質問はJNNCのロビー活動が委員たちに伝わった結果である。国内でも政治家にこうしたロビー活動をすればかなり効果があるので、国連より国内で、この行動力を発揮してほしいと思ったほどである。

日本国内では「男女共同参画が行きすぎているのではないか」とバックラッシュの批判にさらされてきた立場だったので、この委員会では逆に「もっと性別役割分担意識を除くため学校教育や広報に力を入れろ」「まだ取り組みがなまぬるい」と言われることは改めて新鮮な驚きであり喜びだったが、同時に内外の温度差を痛感させられた。日本はコンセンサスを必要としそれを得るのに時間がかかる。その点、私をはじめ内閣府男女共同参画局はまだ非力で、そうした働きかけをもっともっとしなければと痛感させられた。

審議が厳しいけれど友好的に終わったことで私たちもほっとした。夕方七時から国連本部から歩いて七分ほどの中華レストランで、一人会費三〇ドルの懇談会が開催された。赤松良子元女子差別撤廃委員はじめ約五〇名の傍聴にきていたNGO、政府代表団、国連代表部の担当官も参加しての会だった。私の記憶するところでは初めての試みだが、みんな和気アイアイで、政府に対して日頃は厳しく批判するNGOの方々も、この審議は比較的好意的に受けとめてくださったようである。

最終コメントの内容

八月七日には委員会から日本政府報告と審議に対する「最終コメント」が公表された。前回第二回審議の際には一一パラグラフだったが今回は三一パラグラフ、内容も充実していた。

肯定的側面としては冒頭ステートメントで強調していたことがほぼ受け入れられていた。「主要な関心分野および勧告」は二二パラグラフもあり懸念事項と勧告がセットになる構成になっている。

勧告部分は法的強制力はないものの、次回の政府レポート提出までの課題・宿題となる。

・間接差別　直接差別、間接差別の両方を含む差別の定義を国内法に盛りこむ。

・性別役割意識　固定的な性別役割分担意識に関する現在のステレオタイプを変えるために、教育制度において人権教育、男女平等研修により政府の決意について広く知らせるよう勧告。子育ては母親と父親両方の社会的責任であるという認識を普及するようさらなる努力を勧告。メディアによる女性や男女の平等な立場や責任について肯定的なイメージの発信を奨励する。

・DV、移住労働、戦時慰安婦　暴力を防止し、被害者への保護・支援その他のサービスを提供すること、加害者を処罰するためにDV防止法の対象を拡大して多様な暴力の形態を含めること、強姦に対する刑罰を重くすること、近親姦を個別の犯罪として刑法上に規定すること、DVをうけ別居している既婚の外国人女性に対する在留許可取り消しに配慮、「戦時慰安婦」問題について永続的な解決策を見出すよう勧告。

・人身売買トラフィッキング　女性と少女の人身売買に取り組むため包括的な戦略を策定し、詳細なデータを収集することを求め、次回のレポートで報告することを求める。

・マイノリティ女性　次回レポートで、マイノリティ女性の状況についてデータを含む包括的情報を提供することを求める。

・意志決定における女性の参画　あらゆる公的分野、特に高いレベルの政策および意志決定へ女性の参画を進めるため暫定的特別措置の実施を勧告する。

・雇用差別および職業と家族的責任との両立　雇用機会均等法の指針を改正し、暫定的特別措置を活用する。教育・訓練、監視を通じ垂直的、水平的職域分離を撤廃するため努力。男女間の家族的および職業的責任の平等な分担を促進することを勧告。

・民法上の差別規定、婚外子差別　民法に残る婚外子の差別的条項を削除し、立法や行政実務を条約に適合させることを求める。

・人権擁護法案　人権委員会が独立した機関として、女性の人権に取り組めるようパリ原則に沿って設置されることを勧告。

・選択議定書　選択議定書により提供される制度は、司法の独立性を強化し、女性に対する差別への理解を進める上で司法を補助すると強く確信。このほか、こうした最終コメントでとりあげられた問題を次回レポートに含めること、最終コメントを周知すること、他の国連文書のうち条約の各条項に関する情報を次期レポートに含めること。

委員会の勧告の中には、日本の実情からみてメディア、政治家への教育など不可能な事項、男女局の所掌外で困難な事項（人権擁護法）などもある。今後とも日本政府は、この条約の誠実な履行を期待されている。特にともすれば国内の「常識」が国際社会の「常識」と異なることを忘れがちになる日本人および日本政府にとって、審議という場を借りて内外格差に目を開かせられる貴重な機会であった。また政府とＮＧＯがそれぞれ異なる立場から女性への差別撤廃という共通の目的に取り組む場でもあった。できればメディアや与党政治家もこうした国際的な議論を直接きいてほしいと思った。

なお日本政府は、個人通報制度、委員会による調査を含む選択議定書の早期批准を迫られている。この選択議定書は一九九九年一〇月六日に採択され、二〇〇〇年一二月から発効しており、現在批准国は五三ヵ国である。

従来日本政府は「司法権の独立を侵すおそれがある」という理由で批准を先送りしてきた。しかし、委員が指摘したとおり、三権分立を憲法で明記している国々が、既に批准している。個人通報は司法の女性差別を撤廃しようという努力を後押しするという側面もある。日本政府も今回は「他の人権条約、とりわけ自由権規約や人権委員会のケースを研究している。七五ヵ国が署名し、五三ヵ国が批准している現実を受けとめて、日本の批准を想定しながら検討する」と従来より一歩前進した答弁をした。まさしく日本らしくコンセンサスを得ながら少しずつ前進していくこととなろう。

またJNNCの方々が全国各地で報告会を開催するとともに本もまとめている。私たちのように男女共同参画に取り組んでいる人にだけ訴えかけるのでなく、日頃は男女共同参画を意識していない興味をもっていない人にこそ、こうした国連での議論を聞いてほしいと思わずにはおれなかった。

終章　これからの課題

男女共同参画が実現すると社会はどうなるのだろうか。共同参画に批判的な人々は、男女の区別がなくなる、離婚が増加する、子どもたちの非行が増加する社会になるという。もちろんそれは杞憂である。そうかといって男女共同参画社会が実現すれば一足とびに理想的な社会が実現することはない。民主主義の重要な要素の一つが男女差別がないことで共同参画を前提として社会がつくられて、五年、一〇年とかけて女性が各分野の教育をうけ、専門職や管理職に進出していき、家庭の役割分担も少しずつ変わっていくなかで民主主義が深まっていく。男女共同参画は、民主主義実現の十分条件ではないが必要条件である。

環境の変化の中で、男性も女性もその社会的役割を変えながら互いに理解し支えあっていかねばならない。それでは二〇二〇年頃の日本の社会や経済はどうなっているか、男女共同参画の政策対応がうまく機能しなかった悲観的シナリオと、政策対応がうまくいって好循環をもたらす楽観的シナリオにわけて概観してみよう。

1 悲観的な未来

二〇二〇年の日本社会は活力を失い経済成長率は低下し、高い失業率のアジアの一隅の中規模の目立たない国になっている。二〇世紀後半から二一世紀はじめに建てられた道路や建造物が維持費不足から十分修理されず薄汚れてきているように、社会のあらゆる分野で停滞が目立ち、変化や改革は嫌われ、伝統や調和が重んじられる。男らしさ女らしさが強調され女性たちは個人と家族の幸福だけを考えおしゃれや趣味にいそしみ、男性は経済力、社会的地位を成功の証とする。女性は高い教育を受けても民間企業の正社員になるのは難しく、非正社員か比較的差別の少ない公務員に集中している。地方公務員の五～六割、国家公務員の四～五割が女性となっている。どの自治体も国も財政事情が厳しく、給料は民間に比べかなり低くなっている。

男性は民間企業の正社員として長時間働き、恋愛や結婚する時間のないグループと、定職につけず経済力のないグループに二極化し、どちらも結婚は難しく、四〇代男性の未婚率が三割を上回る。女性の未婚率はそれよりやや低いが、少子化はますます進行し、一人娘、一人息子ばかりで、結婚にあたって姓が消えてしまう娘の親が反対するケースも多い。結婚も出産も減少の一途をたどる。

目立つのは非正社員の独身の娘や息子が七〇代、八〇代の親の家で親の年金と貯蓄で生活している家庭である。男らしさ、女らしさが強調されているので、娘たちは家事、介護を行なうが、非正社員で収入の少ない息子たちは収入をこづかいとし、母親に世話されて、スポーツや音楽、ゲームなどで遊んでいる。

正社員として仕事を続ける女性たちは男性なみに働くことを期待され、出産をあきらめ、職場での成功をめざすが男性の二〜三倍は働かねば認められない。管理職のうち女性の占める割合は一割程度である。両立をあきらめたり、健康を害して仕事をやめる女性も多い。働く女性への理解や支援が乏しいので離婚も多い。教員・薬剤師・看護師・医師などの専門職の女性は増えているが、処遇は悪くなり、部門のトップは男性、下位に女性という職場、団体が多い。三歳児神話、母親が「おかえりなさい」といわねば子どもが非行に走ると強調される。

子育ては母親の責任とされ、プレッシャーは強い。幼稚園、小学校から習いごとや塾の送り迎えを行ない、有名校への進学をめざす。父親や社会とのつながりは薄く、自己中心的なひよわな子どもが多くなり母親との一体感は強い。夫とのつながりは弱いので買売春や浮気は多いが妻の経済力がないので、専業主婦の離婚は少ない。子どもの数が少ないので、双方の祖父母からのプレゼントや干渉が多い。大学の入学式には祖父母、両親の六人がつきそう。

企業は新卒の採用を抑えているので就職は難しく、正社員の労働はかなりハードである。母親に甘やかされて育った若者たちは適応できずに退職して、無職あるいは非正社員となる若い男女も多く、公的年金、医療・介護保険の空洞化が目だち、家族の支えあい、家族の介護が強調される。多くの企業は依然として正社員には年功序列、世帯単位の福利厚生を維持しようと努めているが、正社員の数を減らし、使いすての非正社員が増えている。進学率は高くとも女らしく文学や語学を専攻した女性の就職は男性より厳しく、非正社員か公務員が多く、出産すると退職するのがあたりまえとなる。一時期女性の活用を試みた企業も女性の定着率の悪さと意欲の低さに方針を転換し、使いすて路線にもどっている。

子育て教育費用は高く、専業主婦も四〇代からパートタイムで働く女性が多いが、相変わらず正社員との賃金格差が大きく社会保険にも加入しない。企業はできるだけこうした中年女性パートを活用し、正社員の採用を減らしているので、新卒者の就職は年々困難になっており、日本の技術の継承の危機が叫ばれている。

女性の国会議員、首長は二〇%近くに増えているが男性から好かれる政策を掲げ、女性の自立に批判的な女性政治家が多く、配偶者控除、家族優遇税率が導入される。現皇太子家には男児がいないので、皇太弟が皇位継承順位の一位となっている。

2　楽観的な未来

二〇二〇年頃に女性の大学進学率はさらに高まり、学部学生の過半数は女子学生となり、大学院生でも女性が四割を超える。女性は各分野の職業に進出し管理職の三〇%は女性だが、分野によりバラつきがあり、伝統的な製造業、運輸業などでは男性が多い。しかしすでに今日でも医学部学生の三割以上、司法試験合格者の三割近くが女性なので、二〇二〇年頃には医師は三割以上、弁護士は三割近くが女性となり、公認会計士など専門的な資格をもって働く女性が増える。こうした専門的職業人の中でも家庭との両立や個人生活を重視する働き方を選ぶ男女、職業面での成功を重視する男女と働き方が多様化するだろう。男性のほうがより職業志向、女性がより両立志向の傾向は残るだろうが、個人差のほうが大きくなる。

専門職、技術職を中心に転職は今より増加するが長期安定雇用が男性では多数派を占める。女性も育児休業、保育サービスを活用して勤続する人が増加する。特に地方公務員は育児休業、短時間勤務など両立制度が充実し、女性が増え、教育、福祉、医療など住民サービスの分野では、過半数を占め管理職も増え責任と意欲をもって働いている。地方財政の余裕は乏しく、給与は民間より低い。

民間企業は先見性があり、合理的な人事政策をとる成長企業と、伝統的日本型雇用慣行を維持しつづける衰退企業との格差は大きくなっていく。

出産育児後も勤続する女性が増える一方で、男女とも転職あるいは独立して働く人、パートタイムで働く人、一時期家庭で家事、育児、介護に従事する人など、働き方は多様化する。また大学・大学院で勉強しなおす男女が増え、その間夫婦の一方が家計を支えるケースも出る。

働き方、生き方の選択肢が増えるなかで企業の雇用慣行、社会保険制度なども変わり、個人単位の税、社会保険が導入される。女性は公務員や、医療・教育など、専門的職業に従事する者が増え、民間企業は男性が多いなどの偏りは残る。

職場に関わる政策は、①募集採用の際の差別の禁止の徹底、現在は罰則なしだが、違反企業は名前の公表だけでなく罰金と損害賠償を科す、②パートタイマー、派遣契約社員と正社員の処遇の均衡を図る。間接差別の定義を明確にした上で、差別を禁止する、③経過的にポジティブ・アクションを奨励し、公契約を行なう法人の評価の一要素とする、④年功処遇をゆるやかにするとともに、求人の際に年齢制限をつけることを禁止する、⑤公務においても年齢制限をつけない途中採用を増やし、育児後の女性たちが応募できるようにする、などの立法が行なわれた。

また家庭・育児・介護と職業が両立できるように、①育児休業制度の徹底、男性にも二週間から四週間の育児休業を義務づける、②サービス残業を厳しく禁止し、残業代の割増率を厳守させる（それによって男女とも残業が減少し、雇用者数を増やす）、③保育所、ベビーシッター家族保育など保育支援サービスを充実し、子どもが六歳になるまで両親が年間一〇日程度看護休暇をとる制度をつくる、④有給休暇の完全消化を義務づける、などの施策が進められ、企業は男女社員をいかに短い時間に効率よく働いて業績をあげてもらうか、知恵を絞り工夫することが求められる。

結婚年齢は広がり、男性の生涯未婚率は一〇～二〇％、女性も一〇％前後となり、離婚も結婚四組に一組程度の比率となっている。

育児保険制度が導入される育児休業、保育所・保育サービスの充実、児童手当等を手厚くし、少子化の進行を抑制する行政的努力が続き、一・七前後まで回復する。介護は介護保険により社会化が進むが、保険料・税の負担が大きくなり、一家に複数の収入源が必要となり、女性も人生の二〇～四〇年とかなりの期間収入のある仕事につかざるを得ない。

家事については、外食や既製服など外部化がさらに進み、また食器洗い機、電子レンジ、乾燥機などによる省力化が進み、家事ロボット等も普及する。全体として家事が単純化し負担が軽くなるなかで、夫も妻も子どもたちも家事を分担していくのが、あたりまえとなっていく。男女共同参画社会の家庭はお互いが支えあい、理解し、協力しあうことが基本となっていく。

家族がともにすごす時間が増える。そのためかえってうまくいかない夫婦の離婚も増えるが、父親が養育する場合もある。三～四人の子どもをもつカップルもいるが結婚したい人に出あわなかった男女は単身を選択し、ライフスタイルは多様化する。

公的な分野への女性の進出は着実に進む。国会議員の比率がどうなるかは選挙制度のあり方で大きく変わり、どの政治家、どの政党が政権をとるかにより影響をうけるので、予測は難しいが、法律をつくる場に女性が増えることはきわめて重要である。しかし現在国会議員より少ない都道府県、市町村の議員は確実に増加していく。それが日本の地方政治を変えている。

クォータ制の導入は検討課題であり、少数党野党が採用する可能性は高い。政党、特に野党の戦略として女性の登用は人材層を豊かにする上で利用される。

審議会委員はどちらの性も四割を下回らず六割を上回らない比率が望ましいとされるが、審議会によって差が出てくる。

NPO、公益法人などに女性役員は増加するが、伝統的な経済団体、農業団体等にはなかなか進出できない。女性が活躍する団体は因習やしがらみにとらわれず自己変革を進めていく団体である。

国家公務員は現在I種試験の応募者、合格者とも一五～六％で採用は二〇％を超えているが、国会待機、予算待機、各省合議などが合理化されれば、女性がもっと進出することとなるだろう。管理職は現在の一・四％より大幅に増大し、三〇％に近づくが省間格差は大きい。

文化面ではすでに文学、音楽演奏、劇、映画、テレビなどで女性の活躍は進んでいる。さらに女性も科学分野に進出しのびのびと能力を発揮する。男性も含め、多様な能力が花開いて、日本は世界のコンテンツを作っている。

このような楽観的シナリオでも女性差別撤廃委員会で指摘されたように、日本の変化のスピードは遅すぎると感じる人が多いかもしれない。しかし注意してほしいのは、悲観的シナリオは現状のままの改革拒否路線である。これを続けていると、日本は長期衰退するだろう。楽観的未来は政策努力は続けられる必要があるが、基本は政府はあくまで差別や抑圧をなくする、国民のライフスタイル選択肢が多様となるように制度、慣行を中立的なものとすることにある。

一番重要なのは、一人一人の女性が意欲をもって、かけがえのない人生を悔いなく生きることである。「女性だから」を理由としてあきらめないことである。そしていろいろな分野に女性がチャレンジする努力を続けなければならない。

あとがき

二〇〇三年前半、私は三四年の公務員生活の中でも最も充実した日々を送っていた。

四月には「二〇二〇年にあらゆる分野の指導的地位に女性を三〇%」という「女性のチャレンジ支援策」について本部決定をし、それを「二〇〇四年骨太の方針」にもりこんだ。二年がかりで取り組んだ国際比較調査の結果を駆使して、充実した白書もできた。国会や一部のマスコミから、ジェンダーフリー批判、リプロダクティブヘルス／ライツ批判が出されていたが、私は「正義は吾にあり」と疑わず、男女共同参画は民主主義社会の不可欠の柱だと信じていた。五月ノルウェー首相来日の機会に開催した二国間シンポジウムでは、福田官房長官が「男女共同参画のアクセルを踏んでもブレーキは踏まない」と断言してくださった。理解のある上司（官房長官）、有能で意欲のある部下に恵まれ、仕事に恵まれ、私は「時よとまれ」といいたいほど幸福な日々を送っていた。七月八日の国連差別撤廃委員会の審議も、単にレポートに書いたことを紋切り型にくり返すだけではなく、自分としては今までの経験、知識を生かして、建設的な対話ができたと思う。

その充実の高みにいた状況から、帰国するなり土屋埼玉県知事の辞任にともなう埼玉県知事選挙に悩みに悩んだ末、出馬することにした。

これまで何度か国会議員、知事、市長選挙に出馬しないかというお話をいただいたことがあるが、私は公務員として働く方が国や社会に直接役に立つ仕事ができると思い断りつづけてきた。直近でも二〇〇一年参画局長に就任して間がない頃に、さいたま市長選挙に立候補するよう要請されたが、参画局長としての任務を投げ出すわけにいかないと断った。しかし、いつも与えられた機会を断りつづけている自分が、ふがいない卑怯者に思える後味が残ってもいた。

それだけに局長として最善の努力をし成果を上げるのが、私の義務とも思い、非力をかえりみず仕事をしてきたつもりである。それはこの本で報告したとおりである。いわゆる既得権益を守り変革をきらう公務員のスタンダードからはずれていたかもしれない。しかし差別撤廃委員会の審議を終え仕事は一段落ついた（もちろん手をつけたままのチャレンジ支援、将来像の検討、女性に対する暴力、ODAの監視などは残っていたが）。自分にとって居心地のいいポストにいつまでもしがみついていていいのか、地方の首長、なかでも知事は、政治というより行政の比重も大きく、手ごたえのある仕事のできるポストであり、地方分権の中で存在意義は増している。

私自身、埼玉県副知事の期間に多くの課題に直面し、何とかしなければと思い、私ならこうするのにと思うことが男女共同参画にかぎらず、福祉・教育・環境・行政改革などの分野で多々あった。また、多くの知人友人たちからも励まされ、埼玉の誠実な女性たちの要請にも心を動かされた。政治家としてのかけひきは下手だろうが仕事はできると自分でも思い、そしてガールズ・ビー・アンビシャスと呼びかけてきた自分の言葉に自分の背中を押されるように、既成政党の支持をうけず、まったく純粋の無党派として出馬を決意したのである。

しかし結果は厳しいものだった。私を支持してくれた人たちは、うまれてはじめて選挙をする本当の素人ばかり。企業献金、組織献金なしのまったくのボランティア選挙、クリーンこの上もなかったが、七〇〇万人の県民に私を知ってもらうには時間もなかったし、組織もなかった。自分は三〇年間、公務員らしくない公務員として発言し、行動し、既得権益グループから遠いところにいた人間であるが、そのようには理解してもらえず、「官僚候補」と呼ばれた。また男女共同参画に対する誤解、逆風もネガティブ・キャンペーンに利用されてしまった。

敗軍の将は何をいっても「負け犬の遠吠え」になるのかもしれないが、あえて、私は三四年間の公務員生活の最後に取り組んだ男女共同参画についてきちんと書いておきたかったし、逆風の今だからこそ、書く意義があると信じている。そして負けおしみでなく、心の底から「たとえ失敗しても、保身のためにチャンスを見逃すより、チャレンジすべし」と思う。さまざまな立場でさまざまなチャレンジをする女性たちに、あえてガールズ・ビー・アンビシャスとエールを送るとともに、成功しても、失敗しても、そのチャレンジする勇気を評価する社会であってほしいと願わずにはいられない。

そして私は、男女共同参画からさらに歩を進めて、高齢者と若者、政府と民間、専門家と非専門家、あらゆる立場の人たちが共に参画し、責任を分かちあう共同参画社会実現に向けて、今までと異なった立場から尽力したいと願っている。

こうした私に執筆の機会を与えてくださった勁草書房と編集部の町田民世子さんに心から感謝するとともに、男女共同参画局はじめ今まで共に仕事をした同志というべき仕事仲間、つらい日々を支えてくださったすべての方々に感謝をこめて筆をおきたい。

二〇〇四年五月

坂東　眞理子

著者略歴

1946年　富山県に生まれる
1969年　東京大学卒業
1969年　総理府入府。内閣広報室、青少年対策本部、老人対策室、統計局消費統計課長、埼玉県副知事、ブリスベン総領事、総理府男女共同参画室長等を歴任。
2001年～2003年　内閣府男女共同参画局長
現　在　昭和女子大学大学院教授
主　著　『米国きゃりあうーまん事情』（東洋経済新報社、1981年）
『新家族の時代』（中公新書、1987年）
『ニューシルバーの誕生』（東洋経済新報社、1989年）ほか

男女共同参画社会へ

2004年9月15日　第1版第1刷発行

著者　坂《ばん》 東《どう》 眞理子《まりこ》

発行者　井村寿人

発行所　株式会社　勁《けい》 草《そう》 書房

112-0005　東京都文京区水道2-1-1　振替　00150-2-175253
（編集）電話03-3815-5277／FAX 03-3814-6968
（営業）電話03-3814-6861／FAX 03-3814-6854
港北出版印刷・鈴木製本

ISBN4-326-65299-3　Printed in Japan

http://www.keisoshobo.co.jp